国家出版基金项目
NATIONAL PUBLICATION FOUNDATION

东北流亡文学史料与研究丛书·研究卷

东北流亡文学作家论

滕贞甫 编

北方联合出版传媒(集团)股份有限公司
春风文艺出版社
·沈 阳·

主　　编　张福贵
研究卷主编　韩春燕

图书在版编目（CIP）数据

东北流亡文学作家论 / 滕贞甫编. —沈阳：春风
文艺出版社，2019.11（2024.1重印）
（东北流亡文学史料与研究丛书）
ISBN 978 - 7 - 5313 - 5647 - 9

Ⅰ. ①东… Ⅱ. ①滕… Ⅲ. ①作家 — 人物研究 — 东北
地区 — 现代 Ⅳ. ①K825.6

中国版本图书馆 CIP 数据核字（2019）第 180034 号

北方联合出版传媒（集团）股份有限公司
春风文艺出版社出版发行
沈阳市和平区十一纬路25号　邮编：110003
河北浩润印刷有限公司印刷

责任编辑：姚宏越　刘　维　　　责任校对：于文慧
封面设计：马寄萍　　　　　　　幅面尺寸：155mm × 230mm
字　　数：190千字　　　　　　印　　张：13
版　　次：2019年11月第1版　　印　　次：2024年1月第2次
书　　号：ISBN 978-7-5313-5647-9
定　　价：49.80元

目　录

穆木天：隐秘的在场者

贺　颖

一

"东北流亡作家"以一个饱含美学意义的特有名词，享誉现当代中外文坛；以"最早投身抗战文学的一个群体"，昭示一种不容现代文学史忽视的客观存在；以文学与时代的双重审美，成就了近一个世纪经典的文学传统，这支形成于20世纪30年代的特别的作家群体，在民族危亡之际以笔为旗挥领人民、以文为剑守家卫国的历程，已然成为历史上炽灼的光荣与梦想，而穆木天作为东北流亡作家重要的代表人物，无疑是中国当代文学史上令人慰藉的精神丰碑。作为今天任何生于斯长于斯写于斯的东北作者，东北流亡作家所赋予后人的，已然不仅仅是曾经客观发生的一切，而是一种更为神秘的、近乎血脉深处的疼痛与冲撞、安谧与流转，是仿佛更深刻的一种秘密召唤。也许只因为身体里流动着一样的北方的血，也唯有如此，才得以于东北流亡作家的浩浩作品中，获取宝贵的阅读与审美体验。

东北流亡作家指的是九一八事变之后，一群从东北流亡到关内的文学青年在左翼文学运动推动下共同自发地开始文学创作的群体。他们的作品反映了处于日寇铁蹄下的东北人民的悲惨遭遇，表达了对侵略者的仇恨、对父老乡亲的怀念及早日收回国土的强烈愿望。其作品具有粗犷宏大的风格，写出了东北的风俗民情，显示了浓郁的地方色彩，呈现了东北大野上的深沉热烈的爱恨情仇。提到东北流亡作家，大家都会想到萧军、萧红、端木蕻良等几位代表人物，而有一个名字绝不该被轻视或遗忘，因为他称得上这一群体的第一人、东北流亡作家的文化先驱与革命勇士：穆木天。

穆木天是中国新文学史上毋庸置疑的最有影响力的中国象征派诗歌理论的奠基者、革命诗歌运动的先驱者之一，同时也是著名的翻译家和教育家。穆木天1900年3月26日生于吉林省伊通县靠山镇护山村的一个富足家庭，原名穆敬熙。在他祖父的时代，穆家是县里数一数二的富户，后来后人不着正务，导致家境黯淡败落。他们这一支，幸有亲人邻里帮衬，得以再次把家业兴盛起来。正是从这时候起，得益于较好的生活境遇，穆木天开始了弥足珍贵的启蒙教育。1909年他入读私塾开始学习，他年纪小，却仿佛知晓自己的使命，格外用功研读，1914年毕业于伊通县立第一小学，1915年入吉林省立中学，后转入天津南开中学，并于1916年加入由周恩来发起成立的"敬业乐群会"，做了该会学报的编辑。1919年他留学日本，入东京第一高等学校特别预科，次年在《新潮》第3卷第1期上发表处女作《蔷薇花》。1921年在京都参加进步文学团体"创造社"，成为发起人之一。1923年4月，穆木天以优异成绩考入东京帝国大学文学部攻读法国文学，这也是他日后成为象征主义诗人的艺术启蒙。1921年他开始诗歌创作，早期诗风深受法国象征派影响。象征主义肇始于19世纪的法国，其理论和创作对我国新诗的产生和发展有极大影响。被中国学者公认为象征主义鼻祖的波德莱尔，更是在颓废的情感基调、应和的诗歌理论，以及现代的诗歌题材等方面对中国现代新诗的创作与研究产生很深刻的影响。中国诗歌的象征诗派内部显然有着更为丰富多元化的结构，不一致性是其始终存在的内在符号之一。波德莱尔作为法国象征主义的创始人之一，作为其理论的创建者，对20世纪初中国诗坛的象征主义诗歌创作有重大影响。穆木天留学日本期间学习法国文学，对法国象征主义有着自己独特深入的认知，其诗歌创作和理论成就，都对中国现代新诗的发展提供了宝贵的研究可能。其间他熟读法国象征派诗歌及英国唯美派王尔德的作品，并翻译出版了王尔德的《自私的巨人》《王尔德童话》等译著，创作了《水声》《雨后》《雨丝》《苍白的钟声》等极具象征主义特质的诗歌作品，受法国象征派诗歌影响，他的诗歌格外注重律动与内容、情调的统一，基调忧郁而感伤。关于象征主义，他提出了"纯粹诗歌"的概念，他认为诗应该运用一种象征性的形象和意象来表现自己微妙复杂的内心世界，直至作者幽暗的潜意识深处，从而传递出对外部世界的繁复认知。这一点在他1926年1月《谭诗——寄沫若的一封信》中，他的表述最为清晰而坚定，他坚持"诗不是说明的，诗是表现的""诗的世界是潜在意识的世界，诗是要有大的暗示性"等观点，也因此奠定了他的中国象征主义代表诗人，以及象征主义诗歌理论奠基人之一的地位。

1926年穆木天从东京帝国大学毕业回国，先后执教广州中山大学、北京孔德学院等学校。1929年他毅然回到家乡，在刚刚创建不久的吉林大学任教。历史的车轮此刻正行驶在一个悲壮的节点，九一八事变前夕，日本帝国主义的侵略活动正在变本加厉地进行，军阀的统治腐朽枯败，一派摇摇欲坠的危急态势。此时的穆木天以一个文人的良知与勇气，坚持向学生介绍世界进步文学作品，宣扬新思想，勇敢抨击腐朽的时政，主讲名著选读等课程，更加侧重对学生创作的指导，并写下了《在自由的天地中欢呼吧》《十月之歌》等诗，却终于遗憾落败于政治的粗暴与黑暗，于1930年年底被校方解聘。1931年，穆木天辗转来到上海，经过对时政的审视考量，他加入了左翼作家联盟，负责诗歌组的工作。当时的中国左翼作家联盟，简称"左联"，旗帜人物是鲁迅，1930年在中国共产党促进下，中国左翼作家联盟在上海成立。中国共产党成立此文学组织的目的是与国民党争取宣传阵地，吸引广大民众支持其思想，中国左翼作家联盟创办的刊物有《萌芽月刊》《拓荒者》等。1932年9月，穆木天与任钧、杨骚等共同发起成立了"中国诗歌会"，提倡诗歌的民族化、大众化，并于1933年2月创办了《新诗歌》杂志。这一时期，穆木天写出了《在哈拉巴岭上》《守堤者》《扫射》等反映东北人民苦难生活和英勇斗争的全新风格的诗歌，并因为表达技术上的改变，被后人认为是其现实主义创作的起点。战火烽烟的1937年，穆木天因参加抗日救亡工作被国民党当局逮捕，在舆论的压力下，于同年9月被释放。上海八一三事变后，他撤退到武汉，与杜谈、柳倩、蒋锡金等人成立了时调社，主编诗刊《时调》和《五月》，到群众中开展各种文化活动，继续为实现中国诗歌会的宗旨而挥动旗帜，并于时代的风云中坚持书写，创作了一些关于诗歌理论的文章，以及十余篇宣传抗日的大鼓词。1938年后，穆木天参与筹建中华全国文艺界抗敌协会，任理事和《抗战文艺》编委。次年到中山大学，因抗议学校当局迫害进步学生，于1942年愤然辞去教职，到桂林任桂林文艺界抗敌协会理事，不久到桂林师范学院任教。其间所创作的《为死难文化战士静默》《二十七年了》等诗歌，揭露了国民党反动派的黑暗统治，因此受到国民党特务的威胁，被迫离开桂林城，到上海同济大学任教，同时致力于进步文化工作。此间穆木天一直坚持文学创作，并著有《旅心》（1927）、《流亡者之歌》（1937）、《新的旅途》（1942）等诗集，这些作品记录了作者的思想历程与对生命的不息探求，也传递出时代与历史的律动。1949年9月，穆木天回到长春，在东北师范大学任教，1952年调往北京师范大学，任外国文学和儿童文学教研室主任，在此期间，他对这两个学科进行深入细致的思考、大胆严谨的实践，对这两个学科的教学体系建设做出了重要贡献。穆木天于1952年加入中国作家协会，1957年被错划为右派，"文革"中受到迫害，于1971年10月含冤病故。

穆木天的文学活动涉猎范围很广，他著有《谭诗——寄沫若的一封信》《怎样学习诗歌》《法国文学史》《穆木天诗选》《穆木天文学评论选集》《徐志摩论》《什么是象征主义》《维尼及其诗歌》《诗歌朗读与诗歌大众化》等诗论文章，同时创作了《江雪》《水声》《雨后》

《落花》《苏武》《七年的流亡》等一批在现代新诗史上有一定影响力的诗歌作品。他的诗论代表作《谭诗——寄沫若的一封信》是许多现代诗论的选本所无法回避的经典，已经广为人知并为学界所推崇。他的翻译作品，更是今天的经典译本，当时的译作有《青年烧炭党》《初恋》《青铜骑士》《欧贞尼·葛郎代》（今通译《欧也妮·葛朗台》）《从妹贝德》《巴尔扎克短篇集》，他同时通晓法语、日语、俄语等多国语言，一生翻译的文学作品共近一百二十种，其中包括王尔德、普希金、雨果、巴尔扎克等世界文学名家的名篇，他翻译的《欧贞尼·葛郎代》、《勾利尤老头子》（今通译《高老头》）是最早的汉译本，至今仍为珍品。事实上，由于种种原因，我们不难发现，这样一位中国现代文学的先驱，一直以来在中国现代文学研究中未得到充分的重视，与同时代的其他作家相比较，学界甚至对他生平及他文学创作活动的史料搜集和整理都有很多欠缺，尤其是关于他早年活动的一些材料更是所知寥寥，这不能不说是中国现代文学研究的深切遗憾。他不只是新文学时期著名的诗人、卓越的诗歌活动家以及文学翻译家，更是我国文学史上杰出的诗歌理论批评家，这在文学史上绝不是泛泛可见的现象，他的诗集《旅心》被读者与学界公认为中国象征主义诗歌的先驱，作为早期象征诗派的代表人物，他的《旅心》《流亡者之歌》《新的旅途》等诗歌至今仍广泛流传。穆木天是中国现代文学史上较早出现的深有影响、极有贡献的诗人、翻译家和教育家，他毕生对祖国和人民满怀情感，对文学艺术满怀炽爱，而对腐朽的统治者、对卑劣的侵略者满怀刻骨仇恨，并以手中的笔为剑、心中的思想为旗，最终成为中国现代文学史上的不朽先驱。

潘颂德在《穆木天诗论与中国新诗发展方向》中说："穆木天不但是著名的诗人、诗歌活动家和翻译家，同时又是杰出的诗歌理论批评家。他自1924年起就开始诗歌理论批评活动，1939年以后大体上不再从事诗歌理论批评。在这长达十五六年的时间里，他大约撰写了六十多篇诗歌理论批评文章。1938年9月，他还曾由生活书店出版过专著《怎样学习诗歌》。他的诗歌理论批评文章紧密结合新诗创作的实际，既能从宏观上把握诗坛现状，又能从微观上阐明新诗创作的具体美学问题。因此，他在新中国成立前每一历史时期的诗论，都能高瞻远瞩，为我国新诗发展指明方向。"[①]

1926年3月出版的《创造月刊》第1卷第1期上发表了一篇引人注目的文章，是创造社重要成员穆木天写给郭沫若的一封关于诗歌的通信《谭诗——寄沫若的一封信》（以下简称《谭诗》），这是为今天的读者与学界所甚为熟知的穆木天的代表作之一，是穆木天留学日本期间，将自己的思考与西方现代诗歌理念进行充分融会的深度的诗学思考。以当时而言，穆木天写这封信的初衷，也许仅是谈谈"对诗近来的看法"，而其运笔的姿态也只是"杂乱谈我的感想"，可未曾想到若干年后，这篇杂感却成为研究穆木天诗学理论最为关键与核心的理论依照。穆木天作为中国象征诗学理论王国的奠基者之一，长期以来却奇异地消失于中国文学史的视野之中，应该说，在今天深入探究穆木天的诗学理论主张和诗歌创作，重新审视穆木天于中国现代文学史的价值与意义，同样极具意义与价值。《谭诗》是穆木天首次将西方象征主义中的"纯诗"概念引进了中国诗坛，也因此被后人称作"反驳诗歌'散文化'的利器"。穆木天以西方象征主义诗歌理论为参照，缜密系统而又自由洒脱地提出了自己的新的象征主义诗学观，无愧为中国早期象征诗派理论的文学先驱。

《谭诗》是以"纯诗"为理论核心并从"纯诗理论提出的现实动因""纯诗定义""实现'纯诗'理想的要求"等几个主要方面衍生的一个诗学思考体系。今天看来，《谭诗》在理论建构上尚有些许不足之处，而在当时的时代及文学背景下，穆木天以它对当时诗坛现状所做出的最初的深刻思考，是有着不可超越的文学史的美学意义的。"纯诗"是与西方象征主义一贯坚持的艺术自主性、强调诗歌语言的

① 潘颂德. 穆木天诗论与中国新诗发展方向 [J]. 东疆学刊（哲学社会科学版），1992（1）。

暗示性及音乐性息息相通的，并带有超验主义色彩的概念，它基本上贯穿西方象征主义文学兴起发展的全部历程。穆木天以独到的视野与勇气，以一个人文主义者的超然思想，从异域文化的象征主义的理念出发，对自己认知中的现代新诗做以深刻的阐释，表现对文学艺术的一种非凡的探索精神，思维缜密、真挚、恳切而又自由有力。

他大力倡导诗歌的纯粹性，力求呈现"自然的并非是纯粹的"等系列艺术理想，同时借鉴了一些象征主义理论家关于"诗歌世界"和"散文世界"本质相区别的理论探讨的诸多成果，尤其是这些作品中共同指向的，对于诗歌意义之外的表现样式的精神关照。

北京大学教授孙玉石说过："《谭诗》以论题的新颖和见解的精辟成为中国现代诗论史上的重要文献。由于这一论文以及作者当时的其他文字，穆木天也当之无愧地成了中国象征派诗歌理论的奠基者。"最难能可贵的是，在其文本的具体论述中，穆木天事实上有着巧妙的表达技术。因为我们不难发现，他在行文中其实一直在以微妙的叙述逻辑，或抹去或移除了象征主义中过于符号化的超验主义色彩，这是更为大胆而自信的，后来的研究者一致倾向这来源于辰野隆对他的启示，而其实这也许正是表现了穆木天一直坚定地试图建构中国"纯诗"诗歌理论的构想与决心。因为当时社会精神的现实需要，以及传统文化的基因、个人精神秉性的原因，他在接受西方理念过程中总会有自己下意识的甄选，因而事实上与西方象征派相比较而言，他的中西结合后的新的象征理论，无疑具有独特的显著的民族精神思想基因，这样的接受过程中西方理念的变异，本身就具有一种美学意义。

他完全不会想到，正是因为自己的这一举动，应该说直接引导了中国化的"纯诗"理论与西方象征主义的鲜明的区分，就此意义而言，《谭诗》无疑具有了中国象征诗理论建构的价值指向，穆木天以法国象征诗派为梳理基点而发出的既联系又独立的对"纯诗"的思考，俨然具有了宝贵的世界观和人生观根本变化的意义，甚至是对中国几千年诗歌观念的深度探索。或者说，一种全新的诗歌价值观因此而走向形成，甚至在相当长的时间里，一度成为衡量新诗的标尺，正如穆木天精神结构的丰富性和复杂性一样，因为富有强大的感染力，而如此不容置疑。

二

穆木天不仅是我国著名的学者、翻译家，更重要的是，穆木天是我国现代诗歌史上重要的诗人，在中国现代新诗的创作和诗歌理论上，都为中国新诗提供了重要的新诗文本与新诗研究范本，为中国新诗发展史留下了一份珍贵的历史宝藏。与大多数跨文体的作家一样，在中国现代文坛上，穆木天涉猎的领域虽广，但首先仍是以诗人的身份而为大家所熟知的。20世纪20年代至40年代的二十多年间，他在革命的战火、生活的动荡中辗转颠沛、北下南上，却从未放弃文学上的潜心研究与创作，先后出版了几本诗集，其中有今天大家仍然非常喜欢的《旅心》《流亡者之歌》《新的旅途》等作品。从20世纪20年代穆木天在诗坛崭露头角开始，到他外出求学，成为象征派诗歌先驱，直到20世纪40年代他的创作从现实主义走向浪漫主义，可以说，他的个体的文学路径，恰恰就是象征主义在中国的行进路径，当然同时也确定了穆木天在象征主义早期由西方向我国文学领域传播过程中的地位和意义。穆木天的象征主义诗歌集《旅心》的文本，也因此具有了被不断阐释与解析的命运。1923年到1926年，穆木天在东京帝大攻读法国文学。当时穆木天正值青春韶华，对法国象征主义诗歌艺术的迷醉，以及对故国的深切思念，是他生命中的巨大张力所在，因此他写下了几十首深情而优美的诗，并于1927年收编成册，名为《旅心》。《旅心》的内容主要表现为诗人对祖国和故乡的深切怀念。正如汕头大学文学院著名穆木天研究专家陈方竞在《〈旅心〉的象征主义追寻——留日创造社作家穆木天论稿（二）》中所言："《谭诗》和《旅心》烙印着穆木天留学日本的生命历程，镌刻了穆木天在日本文化影响下与法国象征诗结缘的根由，展示了中国象征诗最初的理论建设和创作尝试。由此可见，'五四'后的中国新诗观念和创作的象征主义发展，具有世界观和人生观根本变化的性质，体现了留学日本的创造社作家对新文学发展的重要价值和意义。"①的确，诗集《旅心》无可替代地开拓了中国象征派新诗歌的新天地，诗集中一些诗篇浓厚的象征主义色彩，以及一些诗篇融进的浪漫主义写作手法等，以鲜明的情调，传递着个体写作者的情绪。穆木天在与象征派交融的初期，潜意识中意在接通西方现代新诗的交响理论，在极力构建象征世界以外，他还接受异域文化的更多艺术审美启蒙，音乐、色彩等一切给予人心灵悸动的东西。他执着地追求诗的纯粹性，使诗向音乐的本真性靠拢，通过乐感暗示人的精神感知，使诗集《旅心》形成了丰富而多维的艺术风格与美学品质。因此穆木天的诗集《旅心》无论从哪个维度来考量，均可以定义为一部经典之作，是中国新诗史上的文本先驱。

1926年，《旅心》的部分诗歌在《创造月刊》发表时，郁达夫在编后记中就称赞："颇具一种特别的风韵。"1935年，阿英在《中国新文学大系·史料索引》中列出《旅心》全部篇目并赞誉："此为别创一格者。"这两位著名作家、批评家从客观而开放的审美维度，给予了诗集深入浅出的内涵认可，遗憾的是，在后来的历史进程中，因由国家命运所导致的文学悲情，《旅心》一直消隐于中国现代文学研究的视野之外，让人痛心而遗憾。令人慰藉的是，近年随着现代诗歌研究领域被不断拓宽，研究姿态的丰盈与开放，这部作品重新进入研究者的视野，这不能不说是一种中国新诗的福运，更值得我们对此满怀期待，期待这部曾经给中国象征派诗歌带来了新的美学风格的经典，在新时代的阐释中焕发出全新的诗歌生命与美学价值。

同为初期象征派诗人的冯乃超，作为穆木天的好友，曾在为《穆

---

① 陈方竞.《旅心》的象征主义追寻——留日创造社作家穆木天论稿（二）[J]. 华文文学，2006（3）：58。

木天诗选》写的序言中提到《旅心》集里的一首小诗《与旅人——在武藏野的道上》，冯乃超认为："这首诗在结构、语言、韵律上都比较新颖，尤其'奔'字用得特别生动。'奔'是追求，诗人有所追求，他'问遍了点点的村庄''问遍了那里的镇市'，然后鼓励自己'前进，对茫茫的宇宙''不要问哪里是欢乐，而哪里是哀愁'。苦难的中国不是敏感的诗人能够安居乐业的地方，他总觉得自己是一个'旅人'，抱着一颗流浪的旅心，不断地寻觅什么似的探索着。"①这样精准的解读，将《旅心》这部浸染了浪漫色彩与超验想象的大野文化的诗作，平添了神秘与悲情。

天下旅人的路一样遥远苍茫，好在每个人的心中都有着自己的归宿。作为一个自认是"东北大野的儿子"的诗人，穆木天对故乡的深切眷恋，天地可鉴。辽阔苍茫的东北大野是他感受与探求生命真谛、感知文明与文化的母体。同时旅人的视野亦满怀辽远，因此他的诗歌文本中的大野故土，就无一不反射出一种别样的超验的甚至迷离的新的大野文化。故土乡园，经由作者的思想意识，在诗歌中仿佛重新诞生，一切现实必须经过诗人的想象和超验感受后才会凝结成真正的艺术佳作。对于作者而言，其实无论身处何地，诗歌创作无非是一个假借体而已，最核心的是将内心被生活与艺术同时雕琢的灵感准确而神奇地呈现。因此，东北大野情结事实上是穆木天生命与精神的双重起点，但于文本中，也许它完全是另一种面貌，而这也许正是诗歌的一种深度美学意义所在。

沿着诗人的精神脉络探索，有的研究者已经发现，诗集《旅心》虽然有着明显的象征主义风格，但仍然可以觅见，其间隐隐的已经向现实主义转化的倾向。直到1937年出版的《流亡者之歌》，以一种全然的现实主义作品的新风格，向诗坛向大众展示在时代的行进中一个诗人的精神如何发生了嬗变，以及他的新诗歌的新方向，同时亦昭示

---

① 穆立立. 穆木天诗选［G］. 北京：人民文学出版社，1987：4—5。

诗人精神世界的巨变。

穆木天的女儿穆立立说，父亲自称是"东北大野的儿子"，说东北是他"心中的十字架"。对于父亲的东北情结，从了解到理解，穆立立一直深有感怀。20世纪20年代，父亲执着于象征主义诗艺，魂牵梦萦的东北大野故园已然呈现别样面貌；20世纪30年代，战火硝烟中的父亲在血与火的洗礼中诗风大变，吟出了泣血的"流亡者之歌"。的确，抗战爆发后，他一改往日情怀，以笔为旗发出呐喊，以笔为剑进行搏杀，诞生了许多的新作品，可以说他对诗歌的思考从未停止。

辽宁师范大学中文系退休教授邢富君在接受一次专访时说："穆木天可以说是以现代诗人的姿态走进中国新文苑的第一个东北人，是东北流亡作家的前驱者，是新文学第一个十年中东北作家的唯一代表。在为'五四'的春风所唤起的最早一代东北文学青年中，穆木天的创作是最杰出的。"邢富君认为，在穆木天后来的文学活动中，对于法国文学以及其他外国文学的介绍与研究占有很重要的地位。1926年他开始发表关于法国诗人维尼的长篇评论，次年又翻译纪德的小说《窄门》，以后又持续不断地翻译了大量法国文学作品，写了许多法国文学评论。1935年，他出版了一大卷《法国文学史》。在早期的东北作家和学者中，还没有第二个人能同穆木天的外国文学修养和译介工作成就比肩。爱情从来都是诗歌的核心源泉，穆木天在日本东京帝国大学研读法国文学期间，遭遇了自己的第一次情感，遗憾的是以失败而结束。这样痛楚的经历，给了诗人写作的最佳语境，他自己后来也曾回忆说："那种兴奋和刺激，直接造成了我的那些诗歌。"后来穆木天与蒲风、任钧、杨骚等发起成立中国诗歌会，穆木天执笔写了《缘起》："在半殖民地中国，一切都浴在疾风狂雨里，许许多多诗歌的材料，正赖我们去摄取，去表现。但是中国的诗坛还是这样的沉寂：一般人在闹着洋化，一般人又还只是沉醉在风花雪月里……把诗歌写得和大众距离十万八千里，是不能适应这伟大的时代的。"第二年，中国诗歌会创办《新诗歌》，穆木天又写了发刊诗，极力提倡诗歌的大众化、通俗化，要新诗成为"大众的歌谣"，还写文章批判唯美主义。穆木天的这种转变还有一个特别原因，就是他是一个失去故乡的流亡者，他说："目睹着东北农村之破产，又经验着'九一八'的亡国的痛恨，我感到了诗人的社会的任务。"邢富君表示，正是这种使命感激发了穆木天新的诗歌创作，他的诗风也从此开始平白起来，从幻想回到现实，从象征艺术转向政治性呐喊。1942年，穆木天在重庆出版了第三本诗集《新的旅途》。"对于时代的革命热情和对于沦陷故乡的黍离之悲，构成了他这一时期诗歌创作的基本内容。"

作为中国现代文学史上的象征派诗人先驱，他提出"诗要兼造形与音乐之美，要求纯粹的诗的感兴（inspiration），也都包蕴着强调浪漫主义的因素在内"；更指出："诗的世界是潜在意识的世界。诗是要有大的暗示能。诗的世界固在平常的生活中，但在平常生活的深处。诗是要暗示的，是最忌说明的。说明是散文的世界里的东西。诗的背后要有大的哲学，但诗不能说明哲学。"[①] 这段至今仍被学界提及的话，提到了一个象征派的重要符号：暗示。事实上，充分运用暗示来表达诗人的思想感情，也是象征诗派极为重要的诗学策略。比如在《苍白的钟声》中：

　　　　苍白的　钟声　衰腐的　朦胧
　　　　疏散　玲珑　荒凉的　蒙蒙的　谷中
　　　　——衰草　千重　万重——
　　　　听　永远的　荒唐的　古钟
　　　　听　千声　万声

作者极致而纯粹地将形式与意象上的暗示作用，借钟声的渺渺之

---

① 穆木天. 谭诗——寄沫若的一封信 [J]. 创造月刊，1926（1）。

音，表达出一种别具一格的诗意。诗人以晦暗的情调、沉郁的语言来描绘充满指向的钟声的苍白、朽腐与颓败。诗歌中反复提到的诸如"故乡之歌""永远的故乡""朦胧之乡""苍茫之乡""古乡之歌"等足以证明，诗人在此要呈现的是对家园大野的深切眷恋与怀想，无限的惆怅触动了诗人的心神，这也正是大多诗句诞生的前提。这是《苏武》：

明月照耀在荒凉的金色沙漠，
明月在北海面上扬着娇娇的素波。
寂寂地对着浮荡的羊群，直立着，
他觉得心中激动了狂涛，怒海，一泻的大河。

一阵的朔风冷冷地在湖上渡过，
一阵的朔风冷冷地吹进了沙漠。
他无力地虚拖着腐烂的节枝，沉默，
许多的诗来在他的唇上，他不能哀歌。

远远的天际上急急地渡过了一片黑影。
啊，谁能告诉他汉胡的胜败，军情？
时时断续着呜咽的，萧凉的胡笳声。

秦王的万里城绝隔了软软的暖风。
他看不见阴山脉，但他忘不了白登。
啊！明月一月一回圆，啊！单于月月点兵。

1925年6月17日

这首诗更加鲜明地将穆木天的诗歌风格尽显其内。在中国新诗史上，穆木天是无可争议的西方象征主义诗学的早期引进者和创作实践者，也可以说，几乎就是最早的象征主义诗学观念的传播者，以及进行象征主义诗歌写作尝试的从事现代新写作的诗人。穆木天作为引进者和创作实践者，对于西方象征主义诗学的接受，必然历经了融会与再生的过程，其间深含着东西方文化的精彩交融，更有文化的多样性与复杂性，其间繁复多维的文化意义，一直有着深刻而多重的价值。

事实上穆木天对新诗的思考与批判的执着，有时甚至远远超过了他的创作热情，以至他对于新诗的失望情绪在越接近难以言说的状态就表露得越激烈。他曾在《道上的话》中说："这一二天来我看诗看得头痛。中国诗人真多啊，真是中华大国，但这些诗人的作品，简直就没有诗意。在感觉感情想象都没了的中国人里可也难怪这些可怜的青年。我曾说过，诗有诗的世界，诗有诗的文法，诗有诗的绝对的存在。诗是内生活的象征啊，攻新诗的青年们呀，请回到自我的国里，到你们的唯一的爱，藏在你们心中的唯一的爱的里头，作你们的诗的生活，作你们的诗的意识，在沉默（silence）里歌唱出来那才是你们的诗。作诗如作文的胡适主义，别把中国诗坛害得断子绝孙啊！实在说，中国现在是作诗易于作文。总而言之，在现在中国里分行写出来，什么都是新诗啊！想作诗的青年们啊，你们个个回到你们的象牙塔里，你们天天作散文的生活，怎么能作出诗来呢？你们的生命力得动！动！动！真的，生命的流才是真正的诗啊！你们没有内意识，怎能攻文艺？诗更不消说了。"[1]

这样的话，这样的哀叹，如此令人惊异，因为这话如此锋芒而犀利，哪怕在当下也是完全适用的。1924年10月17日，他在写给郑伯奇的一首诗里，还曾有过这样的内心表白：

> 什么是真的诗人呀，
> 他是民族的代答，

---

[1] 穆木天. 道上的话 [J]. 洪水，1926（18）。

他是神圣的先知，

他是发扬"民族魂"的天使。

他要告诉民族的理想，

他要放射民族的光芒，

他的腹心是民族的腹心，

他的肝肠是民族的肝肠。

啊！外来的东西呀！

它们只能慰我们的悲伤，

不能引我们直直前往；

它们只能做我们的药汤，

不能做我们的膏粱。

…………

举起我们象牙的角笛吧！

共唱我们民族的歌曲吧！

啊，伯奇呀！歌！歌！歌！

"民族魂"的真的歌，

是永远的青青长长的绿。①

　　除了这样泣血的哀叹，他还对一些文学现象持有严苛的批判："有些所谓象征主义诗歌，事实上是恶魔主义，是颓废主义，与唯美主义无关，是对于一种美丽的安那其境地的病的印象主义，这种回光返照的文学，是退化的人群的最后的点金术的尝试。那种爆发的绝望的表现，如不像比利时诗人凡尔哈仑那样向着新的秩序走去，就会是引着那个主义的依随者达于毁灭的田地。"②

---

① 穆木天. 给郑伯奇的一封信 [J]. 京报副刊，1925（80）。

② 郑振铎，傅东华. 文学百题 [G]. 上海：生活书店，1935。

在西方浪漫主义、唯美主义和象征主义文学语境里，诗人仿佛经历着真实与梦境的结合，更与他钟情的象征主义一见如故。他的诗论作品《谭诗》和《什么是象征主义》等是对象征主义的呈现与阐释，至今仍葆有宝贵的理论与史料意义。百年文化，最为难能可贵的是他一贯坚持的思想上的反思与批判，丰满尽显而犀利尽在，也许这是他留在中国现代文学史上永不磨灭的巨大功绩。

穆木天是卓越的诗人，文学理论家，教育家，同时还是个经典的翻译家。20世纪50年代，他曾领导制订外国文学教学大纲，他提出文学史、作家、作品三结合的课程体系，并且至今还在各个高等师范院校发挥各样的作用，这是钟敬文为《穆木天文学评论选集》所写序中记载的。这让人心中不由得一再涌荡出敬意。他的文学翻译，在他的文学活动中有着充分体现，更加呈现我国现代文学发展的核心指向：外国文学翻译与中国现代文学的发展始终处于一种彼此启蒙、彼此互文的紧密关系之中。也许因为意识到了自己肩负的庄严责任，穆木天在自己繁重的文学活动中，从未懈怠手中的翻译之笔，以自己超人的精力与智慧，为读者架设一道精神的桥梁，将世界经典作品带到读者面前，为丰富我国早期的外国文学研究同样贡献了不可忽视的力量。他对法国文学的研究、翻译是其中重要的一笔，穆木天是我国全面系统研究和介绍巴尔扎克的第一人，巴尔扎克的一些重要作品如《欧也妮·葛朗台》《高老头》，都是由他翻译，译文智慧、舒展、俊雅、自由。

穆木天的外国文学翻译，对于认识中国现代翻译文学具有重要参考价值，穆木天与鲁迅曾经就"翻译"问题有过论争，这是"五四"以来因为观点不同而造成的，但同时这也有助于穆木天20世纪30年代翻译家身份的确立，因为他对巴尔扎克作品的翻译和阐释，是有目共睹的左翼文学的重要翻译文学经典。穆木天作为译介巴氏长篇小说的第一人，他尽心竭力多维度传播与接受了巴尔扎克，他一共翻译了十九部小说，让读者走进了巴氏宏阔震撼的文学天地，同时因由他对作品的进一步解读，为读者正确理解异域文化打开了无限可能之门，也为批评界的研究工作奠定了坚实的基础。更为让人敬佩的是，他在大学课堂中开设了对巴尔扎克的文学阐释的课程，为异域文化的流畅传播打开了新的门窗，更为我国读者与巴尔扎克之间搭起了一座文化之桥，作为一位翻译家和文学理论家，为巴尔扎克流畅地进入中国文坛提供了弥足贵重的可能。这是文学巨匠巴尔扎克的幸运，在异域国度，有了那么多对他作品心心念念的读者；这更是每个国内读者的幸运，是穆木天让我们得以领略一代大师的精神魅力与动人心魄的艺术光芒。

<h2 style="text-align:center">三</h2>

穆木天作为"五四"以来新文学史上有重要影响的诗人，以及革命诗歌运动倡导者之一，作为东北流亡作家最杰出的先驱人物，其艺术上的成就早已为人所公认。但是由种种原因造成的研究上的欠缺，或与他的成就的不对等，导致他在中国现代文学研究中的缺席，是个值得更多人深思的课题。事实上，更为奇妙的是，这样的缺席似乎从未遮蔽另一种精神的恒久在场：因为无论是其诗作还是诗论，无论是其文学翻译还是教育工作成果，均在中国现代文学史上呈现不可超越的文学艺术的力与美，都有着不可忽视的地位，他为数不多的作品越来越被认为是我国现代文学史上里程碑式的成就。穆木天的诗歌创作从1922年发表第一首新诗《复活日》到1949年创作《在自由的天地中欢呼吧》，历时二十八年，可以分为前后两期，前期的诗歌受法国象征主义、浪漫主义文学影响，后期则受到国家命运影响，而无论哪一时期，无论其作品以何种主义作为作品的精神内涵或表现形式，都异曲同工地指向了经典的文学价值，呈现一种神秘的殊途同归。钟敬文曾高度评价穆木天的诗和诗论："它们的意义不仅是象征主义的引进，而且是在总结五四新诗的经验教训的基础上，思考与探索了新

诗的艺术美的问题，因而具有特殊的意义。"

在许多专业学者的视野中，穆木天的诗学理论体系完整清晰，逻辑严谨，理论阐释与理论建构并存，并且极为丰富与多元，其间笔触直面的是诗的多维度多角度的艺术审美空间，并均能以自己的独特方式与西方象征派的重要理论思潮交融，将他的"纯粹诗歌"理论阐释得与国内文学相得益彰，与西学严谨契合，作为中国象征主义诗学的倡导者之一，他的"纯诗"理论及象征主义诗歌创作，在中国诗学界的价值是不可被忽视的，甚至与今天的诗歌创作隐隐关联。20世纪30年代，历史的进程、时代的发展、纷飞的战火使得穆木天等人对文学对国家民族有了重新的思考，之后发起成立了中国诗歌会，倡导诗歌创作遵循民族化、大众化的原则，而穆木天的诗风则在此际，自象征主义转向现实主义，完成了一次深沉的精神与文本蝶变。1932年，穆木天在为中国诗歌会主办的《新诗歌》创刊号起草的《发刊诗》中，根据左联的倡导，明确提出"要捉住现实""要使我们的诗歌成为大众歌调"的主张，伴随蓬勃展开的革命诗歌运动，他开始了对革命现实主义诗歌创作的探寻，也正式走上了现实主义诗人的创作道路，诗意化作心中的呐喊，化作头顶的旗帜，化作手中的利剑，在黑暗深处散发光亮，在苦难中找寻光明，在幻灭中聚集力量，诗意也因此有了现实主义的宏阔与悲壮。无论历史如何流转，穆木天作为象征主义诗人的先驱，是中国现代文学史上永远无法超越无法遮蔽的精神存在和艺术丰碑。

如果说在某种意义上文学功能将受到时代的影响，那么无疑，一个好的文学生态必将决定一个时期的文学精神走向。在历史上每个特定时期，都会有类似的经验存在，这是文学伦理中的一种规律。作家的生存境遇，身处的历史环境，这些至关重要的因素无一不决定着文学风格的走向，甚至是文学思潮与流派的发生与走向。动荡飘摇的20世纪前半叶的中国大地上，革命与战争烽烟四起，使文学有了全新的内涵与命题。诗人们对时代性的思考，前所未有地变得崇高和必须起来。诗歌更是从小众的纯粹的诗意，渐渐走到了大众面前，诗歌的形式与内涵均有了感性与理性的双重变化，从个体到整体，从诗歌的极致俊雅到大众的通俗易懂，文学的审美也在悄然改变，纯粹意义上的审美渐渐被其必须承担的宣传功能所取代，换而言之，文学前所未有地发挥了其深感陌生的实用性、社会性，而其审美性、精神性亦被这些特殊的功效所渐渐取代，诗歌努力以人人可以体验的形式，开始行使自己的艺术使命。但穆木天依然从未停止自己的艺术思考与探索，并在特殊的时代环境下，对如何融会中国古典诗学与西方诗学、自我精神与时代使命进行了更为深刻的精神考量。或者说，这也是他在任何时代背景下，在任何生活的地方，都从未止歇的思考探寻，甚至包括他自己视野内的所有艺术现象。

1928年，他径直把眼光转向属于主张文人的社会使命一派的法国诗人维勒得拉克（Ch. Vildrac）并专门撰文介绍，对这位诗人的那些始终是人生礼赞的作品，穆木天给予了高度评价[①]。毫无疑问，他这种锲而不舍的对美学的深入探究，应该是渴望在代表先锋性的象征主义与传统的写实主义之间，试图发现一种为诗人提供生命与精神的双重超越的可能与经验。九一八事变后，穆木天与其他一些东北作家一样，开始了对命运的颠覆性审视，大家有感于民族危途的巨大阵痛，思想与文笔均发生变化，而穆木天的诗风更是在此刻发生剧变，足以见时代环境对他的精神冲撞有多么剧烈。在"东北大野中，正到处流动着'铁之洪流'，农村的毁灭已到极点，新的生活到处展开着，动乱是要一天比一天多"，无疑，抗战时期民族危亡的悲壮现实，使穆木天的诗风由早期先锋的浪漫的象征主义，急遽转向了社会性极强的现实主义，应该说这是一次悲情的转变，是一个有良知的作家的良心之举，是足以感动诗坛的悲情转身。此刻为家国生存、民族战争而书写，已然成为穆木天诗歌创作的最高宗旨。

---

① 穆木天. 维勒得拉克 [J]. 创造月刊, 1928（10）。

一个象征主义的文化先驱，就这样在硝烟中走上了文学的另一条道路。诗歌的纯粹，文学的审美，一切都在战争中被消解，穆木天的思想呈现一种陌生而充满力量的品质，这种品质引导着他的思想脉络，越来越鲜明，越来越有力。关于民族与世界，关于个体与整体，关于象征主义与现实主义，关于先锋与传统，这林林总总相似的二元对立的思维模式，在战争面前，开始使穆木天产生极为深沉的困惑，甚至是心灵上难以平复的苦闷与犹疑。原因自然是多层面的，有时代、社会、国家危亡、民族生死等无可规避的生命历程与思考，也有艺术本身的宿命走向，总之一种不可挥去的自责令穆木天满怀犯罪感："我自己进了大学，完全入象征主义的世界，相当地读了些法国象征诗人的作品，在象征主义的空气中住着，越发与现实隔绝了，把一些贵族的浪漫诗人，世纪末的象征诗人当作是我的先生，这似乎是犯了不可容赦的错误。"① 抗战时期穆木天的诗歌多以揭示苦难、控诉罪恶、呼唤抗争为主题，充当"时代代言人"悲壮的历史使命，特殊的背景下，强化了诗歌的时代性却削弱甚至遮蔽了诗歌的审美性，但穆木天坚持在意象选取及结构体式等方面极力葆有艺术价值，努力以最大的精神力量，为家族、故乡，为东北大野的乡土中国留下一曲曲悲情的挽歌，竭尽全力为自己内心的诗歌的艺术性不被残酷的现实所覆灭。他做到了这极难完成的统一，正如吉林师范学院中文系吴秀英在《爱与恨的交响——穆木天诗歌赏析》中指出的："穆木天在新文学史上，一向以象征派诗人著称。他在1925年前后颇写了些极富音乐性、朦胧性、暗示性的象征派诗歌，流露出一种世纪末的孤独、忧郁和哀伤。""穆诗中贯穿前后期的核心思想是对黑暗现实、侵略者的切齿仇恨，对家乡、祖国、人民的真挚热爱。诗人正是弹奏着这支爱与恨的交响曲，自觉汇入现实主义诗歌的大潮。"②

---

① 郑振铎，傅东华. 我与文学 [G]. 上海：生活书店，1934。

② 吴秀英. 爱与恨的交响——穆木天诗歌赏析 [J]. 松辽学刊（社会科学版），1991（3）。

诗歌风格的变化、意象的选取，以及情感基调等方面的转变，在战火中格外呈现穆木天浑厚的东北情结。穆木天对中国新文学——尤其是东北新文学的贡献也是巨大而不可超越的。他的诗歌创作，若以1931年为界可以清晰地分为前后两个时期：前期以倡导西方象征主义的"纯粹的诗歌"，而成为中国现代文学史的文化先驱；后期以一个文人的良知，在时代感召下，成为为民族解放而以笔为剑的勇士。

从西方到东方，从先锋到传统，从象征到现实，穆木天于20世纪20—30年代在理论和创作上的转变，可以说不是一个个案，应该有更多同时代的作家在遭遇并经历这样的变故，但穆木天以自己宏阔的文学视域与浩繁的文学成就，仍然成为一个极具辨识度的中国现代文学史上的特例。纵观穆木天的生命轨迹以及其创作历程、思想体系，可以确认促成穆木天诗风之变的，不仅仅是时代感召，还包括对东北大野故土的骨肉情感，诗人潜意识中试图对创作无限性的挑战，对诗学意味丰富性的探索，以及缺失生存环境的稳定感而导致的写作生态幻灭等。

人的思想的繁复性一点也不逊于浩渺辽阔的宇宙，因此，对一种文学现象的探寻，必须有无数可能，才好与人的精神质地匹配。虽然就文学史意义而言，穆木天的诗风转变因过于强烈而引人惊叹，但这也在一定程度上，使得因文化先驱身份而被定位的穆木天，成为从文学走向革命的一种别样现象，耐人寻味。

1926年，穆木天的诗作在《创造月刊》发表时，刊物主编郁达夫在编后记中称赞穆诗"颇具一种特别的风韵"。1927年，穆木天的诗集《旅心》由创造社出版部出版之后，赵景深以卜蒙龙的笔名，在《开明》月刊发表《冯乃超与穆木天——"轻绡诗人"和"我愿诗人"》，对冯乃超的《红纱灯》与穆木天的《旅心》做了比较分析。这同样是一次意味深长的比较，赵景深指出："穆木天的诗暗示的分子少，冯乃超的诗暗示的分子多；前者清晰，后者朦胧；前者多用明喻，后者多用暗喻。"赵景深以自己的艺术感受为审美的初始点对穆木天、冯乃超的诗篇进行的比较审视，体现了赵景深的文学价值观，也体现了两个人当时的创作态势，两人似乎在一个极为相近的文学平台上，却又分明有着隐秘的空间地带，这地带是距离，更是两人彼此选择的写照。穆木天前后期创作的差异，可以从1930年以后的诗歌创作，特别是相继加入左联和中国诗歌会之后的创作中找到鲜明的证据，从而最大限度接近一种变化的内在隐秘脉络。

随着近年来对穆木天研究的拓展，一些学者已经开始认识到，先锋的象征主义尽管使穆木天确立了在中国现代文学史上的重要位置，但并非穆木天早期诗论的全部所在。北京大学孙玉石先生曾经把穆木天对新诗先锋性的探索归纳为三个特点："（一）他在象征主义诗歌理论建设中，并不完全拒绝浪漫主义的因素；（二）在传统与现代、写实与象征之间寻找平衡，寻找一条国民诗歌与纯粹诗歌结合的道路；（三）新诗流弊的反省与民族化现代性新诗的建设。"孙先生的归纳为我们拓宽了对穆木天精神探索的视域，更提供了多重的维度与多种可能，使我们能够以更为深入与广博的文学伦理观，重新开始对一位文学与革命先驱的精神观照，将一种比较成熟的思想形成中的必然的不断调整、不断深入的过程，作为一种文化策略而接受并阐释，从而努力完成对一个个体生命精神深处的阴暗幽微处的探寻。这样的探寻必是冒险，但不是冒犯，因为对生命的善意的了解，应该是这世上人与人一种上佳的交流，人间苍茫，宇宙辽阔而空寂，但愿这样的彼此走近，可以为人类宿命的孤单创造些许弥足珍贵的诗意。

尾　声

"我们都是历史的产儿，所以没有一个人能够避开传统。一位诗人的特色在于其作品的复杂性，即他把各种不同的潮流结合起来，并把它们与自己的个性融为一体。无论他是传统主义者还是革新者，他都只是人类运动的长河，即反映人类永恒形象的长河的延续。在与过去相结合的同时，他提炼着自己的特性，使自己持续的梦幻理想化，从而创造着一个新的世界，由此便形成了魔环。无论已经去世还是活着，一位真正的诗人都是这样造就的。因而在研究他的时候，应该追溯到一切遥远的源头，寻找他诗作的不同的起源，从而确定他在总的演变中的位置。"①

这是穆木天在对阿尔贝·萨曼的诗歌进行理论研究时的一段话，读来令人感动满怀。这番话对今天热爱文学研究的人们是真挚深切的理论宝典，更是当下一种雍容的不由分说的语境存在，这种盛大而深沉的隐秘在场，使得一切陡然具有了神秘主义的万千气韵，真诚而从容庄严。回到灵魂的源头，寻找那个神秘的"魔环"，即寻到了文学的初心，寻到了艺术的源头与归宿，如此冷静客观辽远宏阔的美学气度，不由人不深深叹美，这是为文者的大气魄与大情怀，更是一个思想者的不朽而通灵般的精神品格。

穆木天以全景式视角，揭示了他所认知的现代性追求与传统艺术之间的简洁而杂芜的关系，揭示了作品超越时代而永葆其艺术之力的可能，更揭示了其思想结构所深具的浑厚深刻的美学意义。

我们从穆木天的生命与精神的源头出发，再一次对一个个体的思想轨迹进行文本意义上的解构与建构，从而依他所言，进入他的生命与精神、历史与当下共同建构的"魔环"，与这位隐秘的在场者进行一次神秘的对话。他以自身的诗人的宿命般的学养直觉和审美选择，走近象征主义自觉地进行新诗理论的先锋性探索，以自己醇然的中国传统文化的根基，以及既往的诗歌创作经验，完成了一次与西方的象征主义诗潮的完美交汇，不是机械的拿来主义，不是愚顽的食"洋"不化，而是凭着自己独特的认知与探究，将西方象征派诗论与中国传统诗歌理论融合。这是一个复杂的化学过程，因为这期间还吸纳现实主义、浪漫主义等更丰富的创作体验，并在东西方的双向文化轨迹

---

① 陈惇，刘象愚. 穆木天文学评论选集 [G]. 北京：北京师范大学出版社，2000：1。

中，构建了独属一方的穆木天象征派诗论体系。

仿佛是缘于一种宿命，20世纪20年代到40年代，穆木天开始了对现代新诗创作方法的不屈探索。20世纪20年代，他以象征主义为主导，创作了《旅心》；30年代，他以现实主义为主导，创作了《流亡者之歌》；40年代，他努力贯彻现实主义与浪漫主义相结合，创作了《新的旅途》。在这样的自由转换与创作之间，犹如一种文学伦理上的再定义与再建构，将民族史深深镌刻进个体生命史与心灵史，形成一种庄严而悲情的诗意基调，持久而耐人寻味。

百年来，穆木天在中国现代文学史中的文学艺术成就，在中国现代文学史这个大历史的语境下，突显出其多重的审美意义。个体命运的偶然与历史命运的必然交相辉映，使得今人有足够的理由，深入探索这位隐秘的在场者从诗人到理论家、从翻译家到教育家、从文化先驱到革命勇士的多重身份的兼容与转型，这些也在其林林总总的作品中得以部分呈现。说部分，是因为我们对未来的穆木天研究，充满更为热切与庄严的期许，渴望会有更多作品被发掘，更渴望在作品中探寻到更为神秘殊异的人文内涵，以及其生长背后的大时代与创作个体之间的隐秘交锋。这样的交锋有时是一种历史发展的规律，因为个体的成败并不重要，重要的是历史的提供，生命与灵魂在其间的获取，以及对人性的深度关照与追问，比如犹疑困惑、焦虑激昂，比如持枪执戟，从容御敌。这也恰恰是穆木天在中国现代文学史中的精神及作品坐标，从文化先驱到革命勇士，这位无时不在的东北流亡作家中的主导者，以人性中执拗而完整的精神力量，与各个时期进行多层次多维度的共存的谋求，批评的思考，其作品与其所处时代的内在偶然性及必然性的思考，因此得到形而上的审视与梳理，且以此为基础，整合出其作品特定的政治向度、作品文本与文学吁求。显然，这是一个极为丰富而驳杂的精神空间，这位"隐秘的在场者"的"魔环"果然深具真实与幻境似的魔性，一个思想者的复合身份先被阐释创伤，再被重新建构，无须颠倒秩序，更无须违反逻辑。既然历史的意义永远在于现实，那么我们再次以足够的理由期许，期许一种迟来的荣耀，在穆木天，这位"隐秘的在场者"的不朽精神中完成应有的光荣与梦想，因为我们深知，这从来不是一次远行的抵达或结束，而仅仅是一次出发的可能的启蒙。

风中的萧军

高海涛

电影《黄金时代》里的人物，我与之见过面的竟有四位。按时间顺序，一是锡金，二是萧军，三是端木蕻良，四是海婴。其实吾生也晚，作为20世纪50年代出生的人，对当年赫赫有名的东北流亡作家，本来是只有仰望的份，而能有机会一睹几位的风采，不仅可谓幸事，也算得上一种很特殊的缘分了。

锡金——我本来是不敢这样叫的，应该叫蒋锡金先生，他是我读现代文学研究生时的学位导师，那是20世纪80年代，在东北师大中文系。所以，我与蒋先生远不只是一面之缘，而是师生之缘。尽管他没有直接给我们上过课，却是时而能见到的，而且他的乘龙快婿黄凡中教授，还是我同届的研究生同学。沾黄同学的光，我们也有几次面聆过蒋先生的教诲。

见到萧军是在我到沈阳工作之后，好像是20世纪90年代初，辽宁省图书馆搞过一次东北流亡作家展览，在开幕式上，我见到了这位《八月的乡村》的作者，他站着讲话，虽个子不高，但白发凛然，如旗似焰，给我留下了很深的印象。

与端木蕻良和海婴先生的见面要更晚一些，都是新世纪之后的事，一是在铁岭昌图县，一是在锦州凌海市，具体情由，因与题旨无关，不赘述了。

我想主要说说对萧军的认识和感悟。

一

看过电影《黄金时代》，我直接想到的是风，就是张爱玲在《忆胡适之》一文中写到的风，虽然张和胡与这部影片几乎都没有什么关系。那是张爱玲在美国，去看望或已有些穷愁落寞的胡适之先生，告别时她望着河水，觉得"仿佛有一阵悲风，隔着十万八千里从时代深处吹出来，吹得人眼睛都睁不开"……

萧军就在这样的风中向我们走来。

影片对萧军形象的处理，在体魄和形貌上似乎拔高了一点，但就精神而言，我觉得还是很相称的，基本上还原了一个时代大风中的流浪者、漂泊者形象。这也正是萧军让我心仪的地方。

萧军的作品，我读过《八月的乡村》，也读过《第三代》，比较来说，似乎后者对我的影响更大。我特别喜欢小说主人公林荣的形象，他曾在遥远的俄罗斯做过劳工，后来回到故乡，就每天带着手风琴，像一个哥萨克青年似的到处游荡，在辽西乡间踏歌而行，随处唱道："我们吃的是黄金似的小米呀，三月桃花似的高粱米饭。哪河里生出的鱼就爱哪里的水呀，哪里长出的树木，就爱哪里的土地……"

我真的很喜欢这个人物，幻想着有一天能模仿他，也在大凌河两岸到处乱走，顶着大风，边走边唱。后来，我甚至把这个情节写进了自己的散文《苏联歌曲》，我写了特别爱唱歌的海芳姐，"文革"中因不能加入中学的宣传队而精神失常，只好回家给生产队放羊，但她还是一边放羊一边唱《喀秋莎》和《小路》。所以我特别引证了《第三代》里的情节，写道："林荣之后，在我和萧军的故乡，又一个把俄罗斯歌曲唱成辽西歌谣的人，我觉得就是海芳姐。"

确实，我和萧军都是辽西人，这一点很重要。

也许在某种意义上，林荣也是萧军的自画像，无论他的人生还是创作，其全部神韵与美感正在于流浪和漂泊。回顾"五四"之后的中国文学，小说家艾芜仿效高尔基，写生存的流浪汉；散文家梁遇春仿效兰姆，写精神的流浪汉，可他们最多只是写，而萧军不仅同样有写流浪汉的传世作品，他自身的生存与精神方式，也似乎奔涌或燃烧着发自生命本真的流浪汉气质。那种气质总让我想起惠特曼及其《大路之歌》——

> 走哇，带着力量、自由、大地、暴风雨，
> 带着健康、勇敢、快乐、自尊和好奇。

梁遇春当年论西方的流浪汉，曾把惠特曼的《草叶集》称作"流浪汉的《圣经》"，而在萧军身上和他的作品中，我们则会感受到来自关东大地无边旷野的强劲苍莽的"草叶"气息，他有一个独属于中国本土的流浪汉的灵魂。这也许就是萧红评价他时所说的"强盗的灵魂"——不讲礼法、毫无机心、任性顺情、自由飞扬。是的，在所有关于东北流亡作家的回忆和讲述中，我们所看到的就是这样的萧军，他体现了自身的丰富性与具体性——他可以扑倒在鲁迅的灵前失声痛哭，也可以在大上海的草坪上挥拳动武；他可以从哈尔滨的小旅店救出沦落无助、苍白凄婉的萧红，也可以在大西北的黄河边坦荡忘情地追求世家少女；他可以在革命圣地傲然拒绝毛泽东的挽留和礼遇，也可以率性上书、甘犯众怒为王实味辩解；他可以在陕北尘土飞扬的大风中和共产党的领袖饮酒高歌，也可以辞官不做，倾慕白云……

这辞官之举，就发生在我的母校。和锡金一样，萧军也曾在我的母校工作过。当时的东北师大叫东北大学（曾在佳木斯等地，后迁长春），是由张学良创办的老东北大学与原解放区的延安大学合并成立的，校长是张学良胞弟张学思将军，萧军任文学院院长。对那段经历，他后来在回忆录中这样记述——

> 到了佳木斯又和家人团聚了，他们是比我先来的。这里

按照供给制的制度，也确实把我做"院长"来待遇了……出门有马车，据说还为我准备了一位挂枪的警卫员，但我把这位警卫员辞谢了，因为我不习惯身后有人跟着……最不习惯的竟有人喊起"院长"来了。这一称呼对我竟是陌生得很，似乎和我毫无关系。而我向来只能听人叫"萧军同志"或"老萧"，我以为才是在叫我。于是最后我就下了决心，必须要把院长这个官衔从我的头上摘下去。

萧军的辞官之举虽是性情使然，却不失为一个标志，那种对等级制的抗拒是美的，也是悲剧性的，既印证了他所谓的"自由主义"个性，也预示了他命运的奇特转折。他离开东北大学回哈尔滨办报，那里是他初遇萧红携手跋涉魂牵梦萦的地方，但也正是在那里，他开始了厄运，风雨如磐，灵台无计，不习惯"待遇"的他却不可抗拒地得到了另一种待遇，并从此沉寂了整整三十年。

二

萧军的老家原属义县，离我的老家很近；现属凌海市，离我的老家同样很近。在那个其貌不扬的、连名字也很土气的沈家台乡下碾盘沟村，当地政府建起了萧军故居纪念馆，并同时建起了一个很气派的广场——"八月的乡村"广场。萧军让他的故乡永远留在了八月，留在了金色的秋天。不，这秋天或许是红色的，因为鲁迅先生在为《八月的乡村》所写的序言中曾这样评价——

……然而严肃，紧张，作者的心血和失去的天空，土地，受难的人民，以至失去的茂草，高粱，蝈蝈，蚊子，搅成一团，鲜红地在读者眼前展开，显示着中国的一份和全部……

站在"八月的乡村"广场上，我甚至也会想起美国作家福克纳的《八月之光》，虽然这样联想可能没什么道理，因为萧军的八月应是中国农历的八月，而福克纳的八月则是公历的八月，二者相差一个多月呢。但说没道理，也有道理，我觉得至少，不管是萧军的八月还是福克纳的八月，都是对家乡的深情赞美，也都有鲜红的一团，散发着神秘的光芒和味道。

总之，萧军出生的小山沟并不比我出生的小山沟更好，而就是在这里，萧军走上他毕生漂泊、流浪、爱恋、抗争的传奇之路。作为一个作家，他的心迹颇似美国人所谓的"在路上"，但又有着俄罗斯式的深重的土地情结。正如萧军自己所表白的："我是在满洲长大的，我爱那白得没有限标的雪原，我爱那高得没有限度的蓝天，我爱那墨似的松柏林，那插天银子铸成似的桦树和白杨标直的躯干，我爱涛沫似的牛羊群，更爱那些剽悍爽直的人……"

在萧军故居，这如诗般深情的语言，让我一下子就想到了俄罗斯莱蒙托夫的诗句："我爱那荒原的一片篝火，草原上过夜的大队马车，还有田野那边的山头上，两棵闪着微光的白桦树。我怀着人所不知的快乐，望着堆满粮食的打谷场，覆盖着稻草的农房，和那镶嵌着浮雕的小窗。"是的，真正的流浪汉，以心灵守望家园，这正是萧军和东北流亡作家最独特也最具张力的情感品质，他们在流浪和漂泊的同时，也深深挚爱和留恋着故乡的土地。

这也是一份精神遗产。作为一个东北人、辽西人，我想自己可能在冥冥中接受了这份遗产。最明显的例证是我近年来写的散文，有人定位曰：在世界与乡土之间。如著名评论家吴义勤先生说："这是另一种文化散文，或者说表现了散文创作的新趋向，既有世界视野，也有乡土记忆，称得上是'全球本土化'写作的一个样本。"山东师大的李掖平教授则说得更具体："海涛君无论是写到大洋彼岸，还是写到美诗英文，或是写到城市倥偬和大学安闲，总是要执拗地把话锋转回到故乡去。"他们都说得很对、很准，但没有人知道，这种执拗是属于东北人的，或许也能在传统文化中找到精神资源，但更多的还是来自辽宁这片海边黑土地自身的文化生成和俄罗斯文化的深刻影响。

的确，世界文化和故土家园是我精神的两极，虽然我没有像萧军那样到处流浪，但也去过许多地方，尤其我的读书经历，堪称流浪汉式的，我特别喜欢在英美文学和俄罗斯文学中流浪和漂泊，有时翻几页原著，有时译几首英文诗，就这样开始了自己的写作。但不论写什么，哪怕涉及古希腊，我也一定要和自己的故乡及生活经历联系起来，不这样我就觉得没有底气，也没有述说的激情。俄罗斯白银时代诗歌有个阿克梅派，曼德尔斯塔姆解释其诗学纲领时说，阿克梅派就是"对世界文化的眷恋"。在某种意义上，就兴趣而言，我也是阿克梅派，只是我对世界文化的眷恋也同时伴随无边的乡土情结，我喜欢世界和乡土之间的那种距离感、陌生感、张力感。

三

在当代文学史上，萧军是第一个受到政治冲击并被文坛所摈弃的作家。从流浪到流亡，再到被放逐，这样传奇般的际遇，显然有其文化人格的内在因素。

萧军的最好注解应该是萧红。对后者而言，萧军始终是一个真正的骑士。有关"二萧"这两位"大时代儿女"的真正心史，恐怕没有人能做出最权威的注解。用诗人里尔克的话说，他们被拉在什么乐器上，什么样的琴师把他们握在手里？他们是同命相依的漂泊者，虽然在共同跋涉过难忘的岁月后黯然分手，但毕竟有某种重要的东西使他们在精神上一脉相连。所以，在弥留之际，萧红还是想到了萧军，她说："假如萧军得知我在这里，他会把我拯救出去的……"当其生命已到了落红萧萧的尽头，天才的女作家并没忘记把凄美的纱巾回赠给她的拯救者和骑士，不过，萧红还应该清醒地知道，萧军的骑士品格在率真质朴的忠诚之外，还更多地意味着自由与反抗，以及堂吉诃德式的不合时宜。

顾准先生论中世纪的骑士文明，说中国从来不会产生欧洲那样的骑士，却同时又举出不少中国传统文化人格中具有骑士精神的例子。他强调，骑士的本义中包含着反抗，其精神实质，说到底就是自由人格的象征。萧军就是这样的属于关东黑土地的骑士，这不仅表现在他初见萧红时的仗义和豪侠，更在于他身上有着流浪与漂泊的激情，那是一种仿佛出自天性的对自由人格的坚定不屈的诉求。这种原生态的、粗犷莽荡的自由天性，无疑既造就了他的文学成绩，也促成了他多舛的命运，不仅导致了他与萧红的分手，还更直接引发了他在延安和东北解放区两次与环境发生冲突。这是一个奔放不羁的灵魂，因奔放不羁而常常孤立无援。

萧军的可贵之处在于，他的悲剧个性与乐观精神是浑然统一的，即使在不同寻常的逆境中，他也能坚守人格的自由、心态的健康、情感的自尊。作为天性放达的人，"他一生中没有一天不是欣欣向荣的，就是悲哀时节，他还是肯定人生，痛痛快快地哭一阵之后，他的泪珠已滋养大了希望的根苗"（梁遇春语）。特别是"文化报事件"之后身处逆境的萧军，其开朗的胸襟不能不让人想到东北这片神奇的土地给他的心灵滋养。他是从别人的"春天"开始熬过他自己漫长的"冬天"的，而在这三十年中，他除了拼力生存，强烈维护自己发表作品的权利外，心境仍能安然自适。"文革"浩劫中，萧军与老舍在北京被批斗时相见的情景令人分外感怀，两个生命气质鲜明又不同的作家，在那种特殊的"生死场"上相见无言，但这无言中却有惊天动地的文化人格选择，老舍第二天投了太平湖，而萧军却选择了横眉冷对地活下去。可以说，萧军的流浪汉性格中有着特殊的坚忍与顽强，正因如此，当真正的"春天"到来之后，人们发现"出土文物"似的萧军还是那样坦荡、达观，正气依旧，锋芒不减。此时离他开始文学"跋涉"的日子已有五十年，离鲁迅先生去世的日子也已四十余年。

在有关萧军的叙事中，鲁迅是无法忽略的存在。人们提到萧军，总必先谈鲁迅。因为鲁迅说过"石在，火种是不会灭的"，就把他称为"鲁迅石"，并仿佛这是对他最公正合理的评价。鲁迅对萧军的影响无疑是巨大的，萧军对鲁迅的崇敬也刻骨铭心，但问题在于，除去鲁迅的影响，萧军是否有独特的人格精神遗产？我想，至少萧军所走过的是他自己的精神历程。他的生命中有勇往直前的跋涉，也有无可归依的漂泊；有坚定嘹亮的呐喊，也有孤身流浪的歌吟；他的心灵属于黑土地、白桦林、茂草、高粱、流云、野马，属于为人的基本尊严而率性奋起、真切坦荡、乐观顽健的抗争。而这些，是不能全部归于鲁迅的精神的。鲁迅本人就曾十分赞赏萧军的"野气"，认为那是江南文人所没有的气质，更是奴隶所没有的气质。尤其萧军后来的人生遭际与命运，同鲁迅当年的时代环境及人生体验是无法类比的。因此，在20世纪文化人格多元存在的风景中，可以这样说，不论鲁迅精神多么伟岸，也不能遮蔽萧军所独有的精神品格与力量。

也许这是东北黑土地的一种赋予。这片土地相信流浪与漂泊，相信反抗与奋争，有时甚至相信苦难。不久前我读到了翻译家高莽先生所撰写的《白银时代》一书，其中所述的阿赫玛托娃的生平很让人感动。作者写道，阿赫玛托娃相信苦难是人所不能摆脱的命运，她相信天国，也相信人民，相信未来。因此，当厄运降临的时候，她比许多同时代的作家和诗人表现出了更大的勇气和韧力。实际上，萧军又何尝不是如此？他完全当得起阿赫玛托娃这样的诗句："我们从来没有回避过，对自己的任何一次打击……世界上不流泪的人中间，没有谁比我们更自豪，更纯粹……"

鲁迅写过《狂人日记》，但萧军并不属于那种"狂人"，他可能更像是中国古代语境中的"狂客"。狂人肯定不受欢迎，狂客也很少有人待见，所谓"天南地北，问乾坤，何处可容狂客"，就道尽了此中悲欢。所以，仅就文学史研究而言，萧军的形象不仅是暧昧的，也相当程度被世俗化了——鲁迅的弟子，萧红的骑士。作为当年东北流亡作家的卓然拔萃者，他的名字似乎只有在鲁迅光芒的照耀下，或在萧红光彩的映照下，才显示出某种分量。这种世俗化，其实就是另一种形式的边缘化，而萧军的独特意义则被盲视和遮蔽了。或许，萧军的意义同他的人生命运相似，注定属于流浪与漂泊。

流浪与漂泊还不足以让我们向他致敬吗？因为正如我说过的，在某种意义上，至少在审美的意义上，流浪和漂泊可以被理解为对自由的追求。萧军的经历与命运，构成了他作品之外的另一个可圈可点、可读可思的文本。他不是作家中的大师，但他身为作家所表现出的自由天性和自主人格却意味深长。他不仅是鲁迅精神的体现者，同时也是其自我人格的界碑。在这里，千古文章未尽才的萧军，其人生形象一如风中烈焰，历历鲜明。他漂泊于自身所处的时代，也漂泊于20世纪的中国文学史。

萧萧风中，踏歌而行，这就是我向萧军致敬的理由。

阅读罗烽

张　翠

　　阅读罗烽，历史的烽烟便扑面而来，文字里裹挟着血泪相混的悲怆，在苦难中高歌，在冷峻中豪迈，直击人心。通过他的文字可以触摸一段历史，感知一个时代精神的脉动，亦可倾听到书写者灵魂深处的歌哭。他以惊人的才华、理性的判断、革命的激情和成熟的精神在多重文化身份中自由转换，从容行走，铸就了悲怆崇高的艺术风格和美学质养。他是东北流亡作家中一个独特的存在，充满独有的力量，构成东北流亡作家中的别样景观。

　　电影《黄金时代》中的罗烽，以文化战士的形象出现，温文尔雅中透着刚劲和沉稳、昂扬与不屈。苦难深重的历史时代、血雨腥风的革命岁月赋予了罗烽浓重的民族意识和深刻的政治理性。

　　夏风在东北平原上燥热地吹着，天空已不是祖传的湛蓝，却仍能看见灵魂之鹰的翱翔。岁月无痕，沧桑有迹，总有一些光阴，总有一些群体，总有一些人给我们留下难以磨灭的记忆，在我们的精神世界里挥之不去。只要民族之心还在跳跃，对他们的致敬就永不会消逝。

一、文学感性与政治理性的双重表达

　　烈焰般的革命生涯、黑土地般悲怆的创作旋律、冰雪般洁白相守的爱情、雾霾般阴郁的饱受迫害的经历，构成了罗烽绚丽多彩又多灾多难的人生。罗烽对文学执着一生，奋击文坛五十年，以深沉冷峻的文风提升了东北流亡作家血的热度和星辰的光华。

罗烽的文学成就主要体现在其抗战时期的小说创作。他把自己修炼成一只北方的鹰，选择高度和高冷，追逐阳光和自由。文学感性与政治理性同在，文学的深沉表达与政治的理性判断相结合，构筑了罗氏小说独有的风格。

这与罗烽的个人经历有关。

罗烽青少年时期较早接受了"五四"以来的革命思想，于1928年在黑龙江省呼海铁路传习所学习期间参加革命，1929年加入中国共产党，是东北流亡作家最早的党员之一，曾任候补中共满洲省委委员。他受中共满洲省委书记杨靖宇委派，领导北满的文艺宣传工作，团结了许多左翼文艺青年，如萧军、萧红、舒群、山丁、金人等在当时的"新京"（长春）《大同报》、哈尔滨《国际协报》创办大型文艺周刊《夜哨》《文艺》；他当时发表了新诗《晒黑了你的脸》，显示了艺术才华。他们还组织星星剧团，进一步扩展党的宣传工作。为了唤醒群众，鼓舞群众，这群年轻作家创作发表了很多诗歌、散文、戏剧和小说，最早显示了抗日救亡文学的实绩。1934年由于叛徒告密，罗烽被捕，在党组织的帮助下于1935年无罪获释。罗烽出狱后，夫妇二人离开沦陷区奔赴上海，参加了上海左翼作家联盟。抗战爆发后，罗烽负责中华文艺界抗敌协会的宣传领导工作，并身体力行创作抗战小说，颇有成绩，被文坛认可，其作品堪称抗战文学的经典。抗战结束至中华人民共和国成立以后，罗烽先后担任延安文艺协会主席、大型机关文艺会刊《谷雨》主编、东北吉江军区宣传部部长兼前进报社副社长、东北人民政府文化部副部长、东北文联第一副主席等要职，长期活跃于我党文化战线领导层。

从经历来看，罗烽一直有着"领导—作家"二重身份，尤其是"抗战文艺领导"的政治家身份。他不会是萧军那般不羁，不会是端木蕻良那般小资，他是理性的、冷静的、成熟的、坚定的，站在一定高度看待抗战，诠释抗战文学。可以说，罗烽凭借文学家的深沉思想和构思艺术，并辅以政治家的革命敏锐和理性思索，对抗战主题进行了多角度、全方位的开掘。服从多角度开掘主题的需要，罗烽努力追求题材的丰富多样，并择取中短篇小说这种灵活自如的形式，像一把把匕首，直刺敌人的心脏；又像一曲曲战歌，鼓舞人民的斗志。

抗日战争是一场旷日持久的浩大战争，不仅需要身体的勇力、物质的支持和战争的智慧，更需要顽韧民族精神的强有力支撑。这是作为抗战文艺领导者的罗烽所做出的一种理智的深度判断，他利用其抗战小说进行了充分诠释。《五分钟》中的中校参谋贺铮，不愧为铮铮铁骨的硬汉子。他被日军俘虏，敌人软硬兼施，用尽各种手段，他也不透露半点信息，最终敌人只能以死亡相威胁。在黑夜中，贺铮被推向悬崖边，敌人留给他最后五分钟的考虑时间，但贺铮"对于那含有侮辱性的讯问置之不答"，毫不犹豫地跳下悬崖，表现出誓死不屈的民族气节。《三百零七个和一个》中的老人家破人亡，儿子儿媳都被日军害死，只剩六岁的孙儿却被日军拐走，并将载往日本接受奴化教育，充当日本人杀人的工具。是保住孙儿的性命，任凭他日后变成日军的工具，还是根除后患，留存清白？面对这种两难抉择，老爷爷毅然将砒霜放进蛋糕，一块送给孩子，一块留给自己。虽说这样的描写带有刻意设计的夸张意味，但这种艺术化的、惨烈而悲怆的自绝却的确具有震撼之力、发聩之功。面对日本人的阴险策略，"与其被戕，不如自戕"，这虽然渗透着惨烈的苦味，却突显了国人的果决与刚强。罗烽试图借此告诉人们：一场艰难的民族自卫反击战背后，总有一些艰难灵魂的苦苦挣扎。正是它们的挣扎最后成就了民族精神的完整与高尚，也成为抗战之力绵延不衰、持久不竭的根由。

罗烽站在全局高度，不仅意识到中国全民抗战需要强大的精神支撑，同时也注意到，作为一场复杂的民族战争，全民抗战必然包含着诸多战争意义上的重要环节。这些环节处理是否得当，也将对抗战的结局产生影响。罗烽很多小说都关注这些环节，给出相对正确的处理方式。《一条军裤》反映的是军民关系。抗日战争是一场全民抗战，抗日队伍和民众的关系应该为鱼水关系。小说中马彦德是一个"爱国爱民的军人"，村中无人不晓得他，"人人都把马彦德的好处记在心里"。当马彦德因遗失一条军裤即将暴露身份时，石匠杨癫脚勇敢地将"罪名"揽上身来，谎称军裤是他"跟一个红胡子要来的"，结果惨遭日军杀害。军爱民，民才能拥军。尤其在共同抵御外侮的时代形势下，军民更应团结一心，共筑长城。在抗战的硝烟中，这样的冷静提醒有利于抗战之力的凝聚，其效果不亚于突显浴血奋战之勇。《归队》是通过一个逃兵的故事告诉人们：战争意志的动摇将导致更大不幸，在民族危亡的关头，无处可逃，无处可避，除了直面残酷的战争别无他途。《粮食》写了一个内奸的故事，强调了纯洁革命队伍的必要性。《空军陆战队》《横渡》则涉及的是如何处理日军战俘的问题，这也是一场战争的关键环节之一。虽说这两篇小说有明显的宣讲色彩和政治功利表达，但仍能把人性与理性的交锋表达得很动人。可见，罗烽的小说是对抗战各环节的全面观照，具有鲜明的时代感和普遍的现实指导意义，呈现理性智慧与感性审美的双重表达，并且倾向理性。这是罗烽非常独特的地方，也是罗烽抗战时期小说的独特价值。

二、北国血泪凝铸粗犷冷峻的审美风格

在小说《荒村》中，罗烽写了一曲冷入骨髓的哀歌。村里年轻的姑娘都被日本兵奸杀，这里"没有姑娘了，连年轻的媳妇都没啦"。村庄荒凉破败，那些几世传承下来的茅屋、牲畜栏、露井、耕种工具都遭受了蹂躏和摧残。然而，在这山村死寂的黑夜里居然传来女人凄厉的歌声。这歌声来自井底——一个被日军糟蹋的农家女，精神失常，她深藏于井底的柳罐中，夜夜以自己不绝的哀歌控诉残忍的逼迫与伤害！这夜半歌声是恐怖的、凄厉的、森冷的，是对侵略者兽性的血泪控诉！

这样的强暴！这样的残杀！这样的血腥！这样的惨无人道！血液、烈火、痛苦、灾难、心灵、命运都来自这个叫作东北的地方。日寇铁蹄下苦难深重的东北让罗烽以血煮字，以骨铸文，幽沉内蕴，忧愤外发，形成了粗犷冷峻的审美风格。

我们不妨来看看罗烽笔下的几段场景描写：

> 火力、流弹、刺刀，并没有伤害着太阳的面貌，今天，它依然无恙地露出完整的轮廓，窥视着这劫后的大城，每个角落，每个罅隙，都露出它的手，几乎，每个角落，每个罅隙，都有没有完全凝干的血迹，把它的手染得通红。

> 惨淡的天空，压着所有的山峰。无边无际的灰苍苍的云，慌慌张张地逃奔着。一大群老鸹杂七杂八地飞着，那种寒碜的叫声，像把一块冰放在人们的心窝。

> 他好像被一个暴徒绑架了之后，抛弃到遥远的荒郊上，那里是古代的废墟，今日的战场，那里有坟丘，有尸骸，在夜里跳跃着凄恻的磷火，有悲惨的风吼，从他身上横扫过去，留下细沙。

> 秋空，暗淡的云片在飘，西北风像一匹骏马，带着它向东南驰去。它，不能在这可怕的、悲惨的古城停留一刻了。它要逃避到祖国的怀抱里去。

> 在郊外，在僻静的场所，乌鸦、老鼠和蚂蚁，纷纷地跃起来。它们简直是疯狂了一样，大胆地，争夺着从人体腹部流出来的肠子，争夺着从头部逆裂出来的脑浆。在每处灰白色的肢解的地方，都拥挤着蚁群……

这里的每一个汉字都带着血泪。短小的句子、刻意的停顿、凌厉的语感、阴暗的色彩、恐怖的画面，组合成强烈的艺术效果，造成震撼人心的视觉冲击。曾有人这样评价："罗烽的笔触刻写粗犷而硬朗，叙事策略简洁而节制，情绪表达深沉而理性，让我们自然想起鲁迅最为推崇的版画家珂勒惠支。线条如刀削斧劈，苍劲有力；画面凝滞沉郁，简练醒目；意涵苦难深重，悲怆苍凉。"在《第七个坑》的开篇，小说开始以极其简单平实的语气交代了事件发生的时间："九月十八日的后两天。是九月二十日了。"这虽然是最普通的时间交代，但九月十八日这个日子对中国人来说有特别沉痛的意义，意味着灾难和屈辱的开始。紧接着是场景的交代："古老嚣扰的沈阳城，仿佛是猎人手中的受伤的肥凫，闭起眼睛，压制着战栗，忍受它的创痛。"这个很现代派的精妙比喻之后，战栗的场景迅速引出战栗的人物——皮鞋匠耿大的出场，一个惨绝人寰的虐心事件随之展开。小说的结尾以声衬静，令人惊悚，但依然是简洁、短促而有理性的节制，"黑暗，死寂，完全笼罩了这座古城。枪声，犬吠，逐渐加厚起来了"。

作为东北人，罗烽秉承着祖上的基因，粗犷豪迈，坚毅刚烈，人格劲健；作为东北作家，在远离故土、逃亡他乡的路途上，罗烽将乡愁情结内聚为地域性性格的认同，同时，这种地域性性格也造就出既属于地域又属于自己的北方艺术风格。在刀光剑影、战火纷飞的时代里，罗烽仿佛一只来自北方的荒原狼，背井离乡、流离失所、国破家亡的切肤之痛，铸就了苍劲粗犷的北方风格；他又似一只北方的苍鹰，高瞻远瞩，机警智慧，有着敏锐的洞察力，政治家、革命者的身份让他秉持着鹰的清醒和高冷，观照全面的视野和全局的高度，在流露深深悲愤的同时，刻意追求冷暗、峻峭，强化亡国灭种的危机，试图强力唤起广大民众那种"置之死地而后生"的抗争意识。这让我联想起罗丹的青铜雕塑《巴尔扎克》，刀削斧劈般简约洗练，放松局部的琢磨，人物像是从光线和空气中浮现出来，粗犷冷峻、栩栩如生，凸现令人震撼的整体感，强调人物性格及其精神世界的氛围。那种神性崇高的美学风格给人一种拯救的力量。

罗烽笔下的抗日人物也是粗犷的、雄强的，如《旗手》中的周长江是个壮汉，性情过于倔强，人们比喻他是一只顽强的熊。和其他东北作家一样，罗烽生于满族文化的龙兴之地，成长于远离儒家文化中心的白山黑水之间，有着骨子里的强悍阳刚，但他文艺领导的自我意识又使他不像萧军那样迷恋绿林气和"强盗的灵魂"（萧红语），而是保持清醒的理性和深刻的思索。

罗烽的理性还表现在他的讽刺性笔法。《生意最好的时候》是写一个作茧自缚的故事。做铁匠炉生意的沈万清突然精神焕发，非常得意，因为"在所有的商业正在倒闭、查封与叫苦的不景气当中"，他的生意却兴盛起来，由一个小小的龌龊的铁匠铺发展到比从前扩大两倍的有些规模的门市，徒弟增加一倍，订货源源不断。为了准时供货，他瞪着眼珠子叫骂、监工，不能让"病倒"妨碍他的生意，甚至大夏天高温天气仍然让工匠劳作；叮叮当当的铁锤声吵得四邻不安，房东姜先生惮于"官家"的生意不敢发作，只好含着眼泪将房子典当给他。正当他做着发财美梦的时候，他却被厅长"请去谈话"，缘起拘留所里炸了狱，厅长认为是镣铐质量问题，不由他分辩，把他抓进监房。沈万清在他生意最好的时候却出人意料地戴上了他自己亲手打造的镣铐。小说的结尾写道"他茫然地哭了起来"，读者却在掩卷后给予了无情的嘲笑，觉出这个故事的喜剧性来。通过对动机与结果相背离、本质与现象相倒错的揭示，使这个人物变得更加渺小空虚，可怜可鄙，毫无价值，因此人们不可能用严肃的态度来对待，而是嘲笑。这嘲笑里包含的是深刻的理性批判和犀利的讽刺。

三、流亡关内的知识分子民族意识的高扬

第二次世界大战不是始于欧洲平原，而是发生在中国东北。在面临亡国的危难之际，东北人民奋起抵抗。民族危机深重地存在着，发展着，这种始于东北的失家之痛使得东北作家的民族意识和民族精神得到强化。

罗烽的创作必然地与黑土地的抗战发生关系，因为他全部的生活

体验和生命体验与当时的反侵略战争发生着千丝万缕的联系，日本帝国主义的军事侵略几乎是无可挽回地将他个人的实际生活感受和命运体验提升到了对整个民族命运的感受和体验的高度上来，他表现着自己，同时也在表现着我们的民族。沉痛控诉日本帝国主义的罪恶，揭示东北各阶层人民的苦难生活和不屈抗争，是罗烽抗战文学的核心主题。罗烽的作品本身就是一种符号，一个信息，一声呐喊，一种能够激发每一个中国人深层意识中的民族意识和民族精神的审美存在。

在这里，我们并不是说流亡关内的知识分子在思想上是多么超前，也不是说他们在艺术上是多么精粹，而是他们的特殊境遇和在这种特殊境遇中的生命体验所自然具有的文化心理和文学素质，是为当时关内知识分子所不易具备的。

东北这块土地是被日本帝国主义以军事侵略的形式霸占了的，东北人民没有屈服，他们为国家大义，与日寇为战，而东北流亡作家的文学作品写的就是这块沦陷了的土地上人民的生活命运和思想命运。不难看出，他们的这种存在形式本身就是一种意义，一种价值，就是中华民族现实命运的一种象征形式。民族意识和民族精神对于他们绝对不是外加的另一重意义和价值，不是他们经过努力才"学习"到的一种思想、理论或本领、才能，而是他们生命存在的形式本身，是他们身上的一种近乎自然的社会素质。对于文学和作家而言，这种自然素质的东西实际上远比那些有意识地追求着的东西更加重要，更能体现他们的文学作品的审美品格与美学价值。假若说20世纪30年代废名的小说更具有自然性品格而较少社会性的意义和价值，茅盾的小说更具有社会性的意义和价值而较少自然性品格；假若说30年代新感觉派小说更具有现代性色彩而较少民族性内涵，30年代的乡土小说更具有民族性内涵而较少现代性色彩；假若说30年代沈从文的小说更具有抽象的人性价值而较少现实性的意义和价值，蒋光慈等革命文学家的小说更具有现实性的意义和价值而较少抽象的人性价值，那么，东北流亡作家就是在自己的基础上重新把中国新文化、中国新文学的自然性和社会性、民族性和现代性、人性和现实性有机结合起来（王富仁语），真正为20世纪30年代中国的新文化、新文学注入了更饱满、更充沛也更坚韧的民族意识和民族精神。

我有一本北新书局1937年出版的《呼兰河边》，朴素的线装、典雅的繁体字，读出的却是血泪的控诉。在《呼兰河边》中放牛娃受难的呻吟、牛犊悲哀的号叫、母亲撕心裂肺的哭泣都是对侵略者罪行的控诉，唤起的是国人的刻骨仇恨！一个十二三岁的小孩儿生生被诬为"通匪"，和他棕黄色的牛犊一起无辜被抓进日本铁道守备队的防守所，备受折磨，惨遭杀害。小说的结尾很简洁："在草丛里，有牛的骨头，有一个孩子的尸身。……在眼前什么也看不见了，我只能听见那可怜的老妇人不可形容的哭声。"这哭声是东北人民沦为亡国奴悲惨处境的写照。罗烽清醒地预见到呼兰河边发生的悲剧，也即将在中国大地蔓延、上演。《第七个坑》是写九一八事变之后光天化日下大埋活人的惨剧。小说在沈阳城一片可怕的安静中开始，皮鞋匠耿大找舅舅借钱，途中遭遇日本兵刺刀胁迫，强令他挖坑。在求生本能的支配下，耿大忍受着巨大的精神压力，活埋了排字工人、一对夫妇和未满周岁的婴儿以及耿大的亲舅舅、"吗啡鬼"等中国同胞。当那一对年轻夫妇乞求"同胞哇！……你，你救一救这孩子吧"时，耿大的心像被锥子锥着般疚痛着，眼窝里涌浮着绞着心血的泪水，但还是选择了自保。他以为埋完了第六个坑，该到他自由的时候了，哪料想第七个坑竟是为他准备的墓地："猪！你的这边来，坑里边去！"耿大终于忍无可忍，"运足全身所有的力量，抡起那锋利轻快的军用锹，突然向那个兵的头部劈下去"。当"枪，人，同时跌落在地上"时，忍受着巨大心灵挣扎的耿大终于将悲情升华为奋起的反抗。"于是扛起枪来走了。然而，他没有决定到什么地方去。"这篇小说揭露了日寇的暴行，更留给国人很多思考和回味：忍辱并不意味着可以偷生，苟活只能更屈辱，抗争才有新生路。读者相信，扛起枪的耿大一定是走向了抗日战场。

身处"国破山河皆黯色，家亡鸡豕共悲吟"的危难时刻，面对时代的大悲哀，罗烽必然不会像某些关内知识分子那样淡化民族意识和民族精神，主张文艺与抗战无关论。高扬民族意识和民族精神，秉持民族大义的责任担当，是罗烽文学创作的必然选择。

四、东北地域文化的自觉与自信

罗烽对自己是"东北人"有着十分强烈的身份认同感，面对流亡他乡时有人对"东北人"的不屑与斥责，罗烽针锋相对予以有力的反击，为自己是东北人而自豪，并自况为"一只被荒灾迫出乡土的乌鸦"。罗烽这个倔强不屈的东北人，宁愿做一只乌鸦，也绝不做黄莺或八哥。在小说集《呼兰河边》后记中他说："我不过是一只被荒灾迫出乡土的乌鸦（假如你说我连乌鸦也不配，那么就听凭尊便了!），飞到这太平盛世（?），用我粗糙、刺耳的嗓门，把我几年来积闷的痛苦倾泻出来就算完事。我绝未敢有落在鸟语花香的游园里，同黄莺一争短长的奢想。即使有个昏聩的富翁，要拿我当作一只硕大的善于辞令的八哥，套上金链，给我在他的象牙架上，虽然也大可借此良机，趾高气扬地煊赫一时；但我虽糊涂，为权贵者装潢门面，尚不甘心也。"作为东北文艺的领导者，罗烽对东北地域文化和民俗文化有着高于他人的自觉与自信。

东北地域被山海关阻隔，相对闭塞、荒寒、贫穷、落后，少数民族游牧文化、外来的苏俄文化以及"胡子"情结、绿林文化混搭成东北独特的地域文化。独特的地域文化孕育出独特的地域性格，这方土地上的人们既质朴又开放，既真诚又狡黠，雄强彪悍，尚武少文，敢于冒险，好勇斗狠。对中原人影响最大的是儒家文化和道家文化，而在关外民间很多人信奉萨满教，并不受儒道思想的束缚。东北民间教育孩子信奉"培养贼子使人怕，不养呆子使人骂""养儿要强，栽树要梁；丫头要浪，小子要闯"，看似野蛮的东北却勃发着蓬勃的原始生命力。当外敌入侵时，是东北人不怕流血、不畏艰难，打响了抗战第一枪，用生命呐喊抗争吼声，成为全民族抗战的先声。罗烽流亡到内地以后，生活窘迫，曾与萧军、萧红夫妇同住一个屋檐下。十里洋场的繁华没有摧毁罗烽这个意志如钢的东北人的文化自信，经济上的困境也没能阻挡这个东北作家的文化自觉。

文化问题上的自觉和自信，是一股无穷的力量。罗烽通过周扬接上党的组织关系后加入左联，与妻子白朗以及萧军、萧红、舒群等人一起办刊物、写文章。1936年，东北流亡作家作为一个群体步入文坛。这一年，上海的《中流》《作家》《光明》《海燕》《文学界》等文艺期刊较集中地刊载萧军、罗烽、萧红、舒群、白朗等人的作品，上海生活书店还专门出版了《东北作家近作集》。他们的作品充满浓烈的抗日爱国精神，人们"第一次看到了东北穷苦人民的悲惨生活和英勇斗争"。茅盾先生曾说："在三十年代的上海文坛很出了一批有才华的东北作家"。这一评价一点也不夸张，是时代将流亡上海的东北作家迅速推上文坛并使之崭露头角。

罗烽及其他东北流亡作家对东北地域文化和民俗文化有一种发自内心的尊敬、信任和珍视，他们第一次向关内展现关外民俗文化景观的独特魅力，并让它担负东北流亡作家难以化解的民族悲情和身家灾难，对"人—家—国"三重问题的深度思考将民俗描写与民族大义连接在一起，使其小说成为能够激发读者民族精神的有力符号。

对日寇铁蹄下东北人民的悲惨遭遇，东北流亡作家有一种来自血液的疼痛、悲愤和忧思。他们笔下广袤的黑土、火红的高粱、茂盛的草原、不屈的人民重构了东北流亡作家的精神家园。他们把东北人民不屈的反抗自觉升华为民族精神的觉醒。可以说，对东北地域文化品格的投射与认同，承载着东北流亡作家深沉的民族精神和深挚的爱国主义情怀。

中国人长期受封建皇权统治，在中国的政治体制中，崇尚家国一体，家长制权力结构高度成熟，专制技术高度发达，以至老百姓普遍认为国家是皇帝的国家，与己无关。虽然辛亥革命推翻了封建专制，但老百姓仍然认为国家是政府的。当外族强力入侵时，东北人民却能以民众之力奋起抵抗，进而在中国共产党的领导下率先觉醒了民族精神。从某种意义上讲，对地域文化的自信和自觉就是民族意识与民族精神的自信与自觉。

中原儒家文化就其实践性品格而言，具有中年文化特征，注重社会人生的具体问题和具体追求目标；道家文化具有老年文化特征，以修道和养寿为思想基点，超越了人生的具体追求目标，更关注对宇宙、人生的一般性本质的冥思；而遥想20世纪30年代的东北文化似乎更具备青年文化特征——有着原始的野力、蓬勃的活力、强健的体力、充沛的精力、灵活的脑力、勇于冒险和探索的胆力。东北流亡作家在片片雪花中，在萧萧大风中，英姿勃发，向我们走来……在20世纪30年代的中国，他们是璀璨的星光，划过深邃的苍穹，留下历史的回声。

如果说今天的"新东北作家群"依然延续着东北流亡作家创作理念的话，那么这种理念就体现为对东北地域文化的坚守和对乡土家园的眷恋。无论时代如何变迁，这些作家扎根于东北这片热土，执着地热爱着这片土地和在这片土地上生存的人们，他们目光敏锐，善于捕捉，他们有着祖上的野性和智慧，又有着新时代的文学素养，出现了迟子建、洪峰、孙惠芬等一批优秀的本土作家。相信他们会以更高的精神起点和更广阔的文化视野创造东北文学新的辉煌。

夏雨淅淅沥沥，如泣如诉，宛如祭酒。往昔的记忆，倒下斟出的是殇恨，是感动，更是敬意……

现代诗学理想与萧红的跨文体写作

吴玉杰

萧红是东北流亡作家中最重要的代表作家，她的创作在国内外得到广泛关注。鲁迅称她是"最有前途的女作家"，美国华裔学者、中国文学研究学者夏志清认为她是"最具才情的女作家"，中国现代文学研究专家杨义给她冠名"三十年代的文学洛神"。对于萧红的研究曾一度被遮蔽，在有的研究者看来，萧红曾是一个被自己的传奇经历、被鲁迅、被萧军、被东北流亡作家、被批评者的意识形态背景遮蔽的作家①。直到20世纪80年代，有些学者从女性主义批评视角对萧红的创作进行再认识，重新发现萧红，从而出现萧红热。尤其是2014年的电影《黄金时代》把萧红从学术研究领域推到大众传媒领域，伴随着"民国热"，萧红被关注的热度倍增。然而，这种热还存在在大众文化视域中她被自身的传奇经历所遮蔽的现实。当年担心自己被忘却的萧红何曾想到自己会被如此关注，然而我们说，大众执着于她的传奇经历而漠视她的创作，这正是萧红的寂寞与孤独，或者说是对萧红的"误读"。对于萧红最好的纪念就是把她放在中国文学的历史长河中回到她的文本，回到她的内心，去追问"最有前途的女作家"何以以自己的才情炼成"三十年代的文学洛神"，达到20世纪40年代初的艺术巅峰。

---

① 季红真. 错动历史中的文学飞翔——对萧红的再审视 [J]. 南开学报（哲学社会科学版），2011（4）。

萧红创作不足十年，创作百余万字。回望萧红的一生，似乎人们都认定她人生的不幸；但是，从创作来看，她又是非常幸运。如果说，最初的写作之于一般的中国现代作家是情感的宣泄、心灵的补偿，抑或精神的升华与价值的诉求，那么写作之于她具有特殊的生命价值，她的求救信美文式的写作拯救她的生命，燃烧她的激情。与冰心发表第一篇作品有表哥推荐、编辑赏识的幸运相比，萧红的作品，有鲁迅作序、胡风写后记隆重推出，似乎更加幸运，这在中国现代文学史上恐怕是难以再见的荣光。茅盾写序做最深情的追忆，美国学者葛浩文写《萧红评传》，在世界范围内至今已有八十余部关于萧红的传记问世，研究的论文数以千计，这似乎是很多现代作家不敢奢望的。张爱玲写作有过黄金时期，20世纪50年代之后的创作明显搁浅，丁玲后期的创作也被认为不能超越前期，很多现代作家都因各种各样的原因面临和他们一样的"写作的瓶颈"与创造的困境，这都构成他们的不幸。虽然萧红的作品在20世纪40年代也遭遇过严肃的批评，石怀池《论萧红》中认为萧红的"现实的创作源泉已经枯竭"，是知识分子自我改造的失败者，但是这种批评源于批评者意识形态背景的遮蔽。客观地说，从萧红整个的创作历程来看，她不断成熟。她的创作于巅峰戛然而止，处于未完成状态，给研究者留下无限的阐释空间。

　　萧红人生的不幸成就她创作的幸运，当然这幸运源于她的生命体验的文本转化力、人生观照的审美表现力与艺术追求的执着创造力。创作之于她是一种"宗教"（端木蕻良语），她"对着人类的愚昧"把自己丰富的生命体验和独特的性别经验对象化到文本创作之中，向"温暖"和"爱"的方面，"怀着永久的憧憬和追求"。她融小说、诗、戏剧、散文于一体，在跨文体中追求创作的现代诗学理想。

一、写作的出发点：对着人类的愚昧

　　宏观审视萧红的创作，她是一个颇具独特创作理念与艺术追求的作家。她认为，"作家写作的出发点是对着人类的愚昧"，而在题材的选择上要和自己的情感相熟悉，题材与情感"起着思恋的情绪"。于启蒙视域观照，一般作为创作者的启蒙者居高临下，而萧红则认为"我的人物比我高"，显示出与众不同的主体姿态。这都表明她与现代作家、当代作家迥异的创作个性。

1. "对着人类的愚昧"的启蒙意识

萧红在1938年《七月》座谈会上的发言，表明了自己的文学观念："作家不是属于某个阶级的，作家是属于人类的。现在或是过去，作家们写作的出发点是对着人类的愚昧。"①从萧红的表述中，我们可以看出萧红是想做一个重要的区分。她要区分的是：文学是属于人类还是属于阶级的。左翼文学强调文学的阶级性，萧红的表述具有很强的现实针对性，为了说明文学属于人类，而非阶级，她使用了"现在或是过去"。我们知道，一旦涉及过去，即试图证明文学人类属性的历史源头，强调历史传承，当然这也是萧红为自己作为一个弱者找到更强说服力的缘由，不是"我现在说的"，而是"过去就是这样"。面对权威，萧红似乎不经意的表述富含深意。萧红关于文学的表述超越阶级性，观照的是文学的人类普遍性。

正是从这个意义上，萧红和当时的左翼作家有所不同。左翼作家以阶级观点描写底层生活，虽然萧红也关注底层，书写底层，但是她从"对着人类的愚昧"出发，表现底层民众的悲惨生活和他们麻木的精神状态。"这一点使她和激进的左翼思潮保持了心理的距离，也自觉地和民粹主义区别出来，思想的源头更接近五四开创的启蒙理想。"②当然，一般的文学研究者都会注意到这一点。但是，萧红的这句话"对着人类的愚昧"还有一个非常重要的方面，就是关于文学表现人类与表现自我的问题。萧红的文本很"自我"，渗透着她自己深刻的生命体验，文本中处处可见她生命的光影。然而，她并不是沉溺

---

① 萧红. 现时文艺活动与《七月》[J]. 七月，1938（15）。

② 季红真. 对着人类的愚昧——序《萧红作品集》[J]. 小说评论，2006（2）。

自我的一种表现，而是在"自我"中寻找人类的因子，这使她的小说和单纯自我表现的小说不同。她对着"人类的愚昧"，启蒙世人。别林斯基认为："一个庸俗的卑琐的无聊的人，在一部艺术作品里面，就会变得意味深长而又富有现实性，因为他表现了现实生活的一个方面，通过他的个性，代表了包含同一概念的整个一类人，整个一群人。"①正是这一点，使20世纪90年代之后那种只关注自我的生理身体而没有形成形而上思考的"私化小说"无法企及。

萧红"对着人类的愚昧"的启蒙意识和现代的启蒙语境有关。中国现代知识分子受西方启蒙思想影响，在科学与民主的旗帜之下，以现代意识观照中国传统文化与现实人们生存。现代作家回望历史与关注现实，描写苦难，表现悲剧，批判落后，揭示愚昧，反思传统，追问病源。在中国知识分子的启蒙思想中，有疗救式的，代言式的，改造式的，感化式的，解剖式的。"写作的出发点对着人类的愚昧"，萧红的宣言和这些启蒙思想有相通之处，但又不尽相同，她的启蒙思想的形成和自己的地域文化与生命体验有关。对于她来讲，重要的是什么是人类的愚昧、怎样对着这些愚昧、对着愚昧的艺术效果如何等等，其中包括强大的批判力诉求。

在萧红笔下，无论是在偏僻的乡村、落后的小城，抑或北京、上海、武汉、哈尔滨这样的城市生活的农民、小城市人或大城市人，在他们身上都有萧红眼中的"人类的愚昧"。

首先，愚昧是"体验不到灵魂"的物化生存。萧红说："乡村，永久不晓得，永久体验不到灵魂。"又说："在乡村永远也感受不到灵魂，只有物质来充实他们。"正如她笔下的《生死场》所写："在乡村，人和动物一样忙着生，忙着死……""愚夫愚妇"（胡风语）的生死场在萧军的眼中就是这样一幅景象："事实上这全书所写的，无非是在这片荒茫的大地上，沦于奴隶地位的被剥削、被压迫、被碾

---

① ［俄］别林斯基. 别林斯基选集（第2卷）［M］. 满涛，译. 上海：上海译文出版社，1979：23。

轧……的人民。每年、每月、每日、每时、每刻……在生与死两条界限上辗转着，挣扎着……或者悄然死去；或者是浴血斗争着……的现实和故事。"萧军在《〈生死场〉重版前记》中的这段话用了四个省略号，耐人寻味，他从时间、空间、方式等方面以语言的有限性揭秘生死场内涵的无限性，"浴血斗争"之前自在状态的生存是体验不到灵魂的物化生存。麦子、山羊、铜板等才货真价实，才最真实，而夫妻情（如金枝与成业、月英与丈夫）、父子（女）情（成业与婴儿）、母女（子）情（母亲与金枝、王婆与幼子）在它们面前不堪一击。物化，才是生存的见证；灵魂的追求荡然无存。体验不到灵魂的生存是人类的愚昧性生存。

其次，愚昧是思维习以为常的惰性存在。鲁迅在《狂人日记》中曾发出"从来如此，便对吗"的质问，这所针对的就是国民的思维惯性。面对"历史性"的存在，没有思考的欲望更没有改变的欲望，只是顺从之，任其"自然而然"，尽管这个存在是一个惯常的"杀手"，却被看成上天的"福利"。《呼兰河传》中下过雨的大泥坑淹死过猪鸡猫狗，也淹过小孩儿，"可没有一个人说把泥坑子用土填起来不就好了吗？没有一个"。这泥坑"施给当地居民的福利"却有两条：一是"抬车抬马、淹鸡死鸭"，热闹，有谈资，得以消遣；二是淹死猪，便有肉吃，"经济，也不算不卫生"。小城的人们有吃就好，有热闹就好，而不问这吃和热闹的代价。他们没有想改变什么，思维惰性严重压制改变的诉求。冯骥才在《三寸金莲》中说，小脚里头藏着一部中国历史。其实这历史就包括思想的思维惰性。萧红的深刻之处在于揭示小城人把灾难当"福利"、把残害当施恩、把悲剧当喜剧的思想的愚昧。

再次，愚昧是传统落后习俗的固化守成。习俗在历史的沿革中传承下来，其中有精华有糟粕。把传统落后的习俗或曰糟粕当成天经地义，这在萧红的文本中处处可见，女人生产的刑罚（《生死场》），毒打、教训新媳妇（《呼兰河传》），"好女不嫁二夫郎"（《小城三月》）

等。鲁迅在《我之节烈观》中说："社会上多数古人模模糊糊传下来的道理，实在无理可讲；能用历史和数目的力量，挤死不合意的人。这一类无主名无意识的杀人团里，古来不晓得死了多少人物。""古往今来，直接死于统治者屠刀下的人少，更多的却是死在'无主名无意识的杀人团'的不见血的'谋杀'之中，这难道不是一个痛苦的、令人难以接受的铁的事实？站在历史的高度上看，这又何尝不是一出民族的愚昧、人性的扭曲的喜剧？"①萧红描写"无主名无意识的杀人团"戕害生命的血淋淋现实，传统落后习俗固化守成的愚昧导演了诸多人间悲喜剧。

最后，愚昧是对人类生命存在的漠视与戕害。服毒的王婆一息尚存却被抬进棺材、月英生病被丈夫折磨、成业摔死婴孩（《生死场》），众人围观小团圆媳妇被折磨而死、大家看人"上吊""其乐无穷"（《呼兰河传》），翠姨心中有爱无处诉说抑郁而死（《小城三月》），王亚明因家中开染衣房而有一双又黑又蓝又紫的手却被当成"怪物"避而远之（《手》），等等，萧红笔下的生命没有得到尊重，没有得到呵护。人与人之间的冷漠是对生命的冷漠，这些生命同样被"无主名无意识的杀人团"所漠视，所戕害。

张爱玲也善于写人与人之间的冷漠，但冷漠源于主体有意识的自觉的疏离；萧红书写人与人之间的冷漠，冷漠源于生命无意识的自在的"认同"。或者说，张爱玲所书写的冷漠在于"人类的文明"，而萧红所表现的冷漠在于"人类的愚昧"。二人对于冷漠都不遗余力地"解剖"，张爱玲揭开的面纱遮掩的是赤裸裸的"人类的虚伪"，而萧红撕去的厚布覆盖的是血淋淋的"人类的真实"。张爱玲让人看不见的"冷漠"在人与人之间潜行让人不寒而栗，萧红让人看得见的"冷漠"在生与死之间爬行令人触目惊心。

萧红在启蒙语境中被启蒙，也自觉地成为启蒙者，她"对着人

---

① 钱理群.“改造民族灵魂”的文学——纪念鲁迅诞辰一百周年与萧红诞辰七十周年 [J]. 十月，1982（1）。

类的愚昧"举起写作的利器，试图唤醒愚昧的生存的人类，以一种自由的、灵动的生命在大地上生活，获得人的完整性，重建人类的温暖与爱。如果说，萧红笔下的人更多的是因贫穷、落后而"体验不到灵魂的物质性生存"，呈现一种天然的初始的愚昧状态，那么，今天物质相对丰富而仍然体验不到灵魂的物化追求，则是人类更大的愚昧与悲哀。启蒙的历史性价值也就在于此。迟子建在2015年香港书展名作家讲座时说："一个作家不能丢弃审美，但同时也不能刻意营造世外桃源，作家的笔要像医生手中的针，把社会的脓包挑开。"也许，启蒙对于现实的中国来说仍是一种处于未完成状态的思想文化。

2. "起着思恋的情绪"的题材选择

写作的出发点对着人类的愚昧，在萧红看来，作家属于人类，不受阶级的身份所限制，他可以选择任何题材，重要的是把握出发点，就把握住写作的精魂。就创作的整体来说，萧红对于文学的人类行为的普遍认识，与左翼作家自觉或不自觉的疏离，保持了文学的独立性，也彰显了自己的个性化追求。然而，就每一个创作个体来说，并不是任何题材都可以成为主体最好的选择，萧红特别强调与作者"起着思恋的情绪"的题材选择。她的这一观点似乎是一个试金石，哪个作家选择的题材与自己起着思恋的情绪，哪个作家才可能走向血肉丰满意义深刻的所指，否则将成为"空洞的能指"。

萧红在《七月》座谈会上说："为什么在抗战之前写了很多文章的人现在不写了呢？我的解释是：一个题材必须跟作者的情感熟悉起来，或者跟作者起着一种思恋的情绪，但这多少是需要一点时间把握的。"从理论上说，作家可以选择任何题材作为自己的观照对象；而就主体的创作实践来讲，需要把握与自己情感熟悉的题材。这似乎是一个非常明显的创作真理，但是在中国现当代文学的创作中，我们发现，并不是每一个作家都能够理性地对待题材以及自己的创作。萧红的这句话，我们可以从这样两个层次来进行理解。

第一，题材的时间把握与情感熟悉。作家不能急于写自己并不熟悉的题材，尽管题材很有时代性与现实性，符合主流意识形态；或者尽管题材很热，符合大众审美期待。题材客观存在，但题材何时成为"我"创作的题材，这需要一个情感熟悉的过程，需要作者对于题材的把握与沉潜。萧红指出抗战之前写文章的人现在不写了，这是一个客观事实，但这也说明这些作家有了非常理性的选择。有些作家因为各种各样的原因，急于写自己不熟悉的题材，导致创作失败。有的作家从现代走到当代，但再也没有创作超过现代时期的作品，虽然导致这种现象的原因很多，但其中一个重要原因，就是急于写自己并不熟悉的题材。萧红在香港写作《马伯乐》，借马伯乐之口表达对适时性题材的反思："现在这年头，仍然不写'打日本'，能有销路吗？再说你若想当一个作家，你不在前边领导着，那能被人承认吗？"在特殊的时代语境中，作家的创作会受到多方面的影响，但是耐得住寂寞，真正做到把握题材，还是需要时间的考验。

第二，题材与自我的思恋情绪。题材需要时间的把握才能与情感熟悉，不能急于写自己并不熟悉的题材，当不熟悉的题材变成熟悉的题材时，才可能成为作家选择的题材，这似乎是针对现在而指向未来的。从另一角度来说，作家应该写自己情感熟悉的题材，这似乎是指向作家自己已有的丰富的积累。在萧红看来，这种题材就是"跟作者起着一种思恋的情绪"。宏观审视萧红所有的创作，她都是选择与自己情感熟悉或起着思恋情绪的题材。散文《商市街》是自己贫穷与苦难生存的真实描述，诗歌是自己情爱经历的真诚告白。胡风在《生死场》后记中说："使人兴奋的是，这本不但写出了愚夫愚妇的悲欢苦恼，而且写出了蓝空下的血迹模糊的大地和流在那模糊的血土上的铁一样重的战斗意志的书，出自一个青年女性的手笔。在这里，我们看到了女性的纤细的感觉，也看到了非女性的雄迈的胸襟。"萧红是生死场的"目击证人"，无论是"愚夫愚妇的悲欢苦恼"，还是"铁一样重的战斗意志"，都为她的情感所熟悉。如果说《生死场》中的生与死、《马伯乐》中的战争逃难等是因人生阅历与生命体验而为萧红的情感所熟悉的题材，那么《呼兰河传》《小城三月》等题材除了情感熟悉之外，还与萧红起着思恋的情绪。

与作者情感熟悉，起着思恋情绪，客观的题材变成创作主体的对象化存在。但萧红不忘初衷，写作的出发点是对着人类的愚昧，所以题材选择和写作的出发点也是密切联系在一起的。茅盾在《呼兰河传》的序中说："无意识地违背了'几千年传下来的习惯而思索而生活'的老胡家的小团圆媳妇终于死了，有意识地反抗着'几千年来传下来的习惯而思索而生活'的萧红，则以含泪的微笑回忆这寂寞的小城，在这悲壮的斗争的大时代。"《呼兰河传》代表萧红创作的最高成就，她的一切创作思想在这部作品中都得到最好的体现。呼兰河小城，是萧红的故乡，她背井离乡多年，因为时间与空间的距离让童年记忆中的这个小城成为最佳的审美对象。娜拉式的出走遭遇战乱，不断追逐又不断逃离，生命与情感颠沛流离，没有安稳的栖居之地。在这样的心境中，小城的"无意识"与萧红的"有意识"在时间把握、情感熟悉、思恋情绪等方面处于一种无缝隙的相融状态。"对着人类的愚昧"，萧红以自己的情感与生命体验进行题材选择，所以显示不同的创作个性。《呼兰河传》成为20世纪的文学经典。

在中国当代作家中，很多作家的创作在当时可谓备受关注，而从文学性的角度考察却发现它们的不足，后来逐渐淡出文学史视野，没有成为经典。其中一个重要原因就在于写自己情感不熟悉的题材，主体和题材处于"隔"的状态。用萧红的话说，就是题材和自己没有起着思恋的情绪。起着思恋的情绪，才能不隔，题材才能与自我发生情绪上与精神上的联系，题材才能成为"我"创作的题材，成为"我"能驾驭的题材。

3. "我的人物比我高"的主体姿态

对着愚昧，创作主体在相对文明之中，才能对相对的愚昧有所视，有所察，有所思。"愚昧是指不同文明中的极端形态，以及以之作为唯一衡量标准的绝对论思维方式的谬误。"①萧红笔下的人物在愚昧的人群中，却没有对愚昧的认识。"对着人类的愚昧"，方向性所指非常明确，所有人类的愚昧都是作家写作的出发点。这似乎会有一个疑问，对着人类的愚昧的时候，"我"在哪里？"我"在人类的愚昧之中，还是"我"在人类的愚昧之外？如果说"我"在人类的愚昧之中，那么"我"如何对着愚昧？如果"我"在人类的愚昧之外，那么，"我"如何描写愚昧？或者人类的愚昧和"我"发生怎样的联系？愚昧的人类和"我"的关系如何？萧红作为作者对着人类的愚昧，"我"和人物之间的关系随着创作的深入发生很大变化，悲悯与被悲悯置换，表现出"我的人物比我高"的主体姿态。

观照中国现代作家的创作实践，我们发现，作为启蒙的主体，作家相对于启蒙的对象好像是一种"居高临下"。他们和他们所描写的人物的关系呈现不同的样态，有疗救式、代言式、改造式、感化式、解剖式、同情式等等。但到了萧红这里，就成为悲悯与被悲悯式。

鲁迅在《我是怎样做起小说来》中说："多采自病态的不幸的人们中，意思是揭出疾苦，引起疗救的注意。"鲁迅作为萧红的精神导师，对萧红的影响极大。她的对着人类的愚昧的写作出发点受鲁迅的启蒙思想影响。在当时的启蒙语境中，一大批作家都有着启蒙意识，他们都有着启蒙式的宣言。学者作家陈衡哲在《小雨点》的序中说："我每做一篇小说，必是处于内心的被扰，那时我的心中，好像有无数不能自己表现的人物，在那时硬迫软求的，要我替他们说话……这个搅扰我的势力，便是我所说的人类情感的共同与至诚。"这正像斯皮瓦克所说，属下不能说话，作为作家、知识分子有责任为他们说话。陈衡哲为他们说话，替他们代言，以达到改造社会心理的目的。陈衡哲说："我对于政治上恐不能有所努力……我所能努力的，是借

---

① 季红真. 最初的心路——《文明与愚昧的冲突》再版后记 [J]. 书城，2014（7）。

了文艺思想来尽我改造社会心理的一份责任。"①因而，启蒙意识在陈衡哲的文本中呈现的是以纯洁与无私之爱来改造社会心理。陈衡哲的代言与改造具有鲜明的启蒙意识和目的所指，冰心和庐隐也试图通过创作感化而达改良之旨。冰心说："我作小说的目的，是要想感化社会，所以极力描写那旧社会旧家庭的不良现状，好叫人看了有所警觉，方能想去改良，若不说得沉痛悲惨，就难引起阅者的注意，如不能引起阅者的注意，就难激动他们去改良。"②冰心以"沉痛悲惨"的叙事，引起阅读者注意，以达到改良的目的。冰心自己的陈述，是说自己并不悲观，而她的文本却引起家人对她心理的"猜疑"，担心这样的叙事影响冰心的心理健康。她和陈衡哲一样，想改造社会、改良社会。庐隐也是如此。庐隐说："宇宙间的森罗万象，幽玄神妙——常人耳目不易闻见和观察不到的地方，创作家都能逐点地把他轻描浅抹地表现出来，无形之中，使人类受到极大的感化，所以创作家的作品，是人类的精神的粮——创作家的价值于此可见。"③作家抵达的正如石评梅所说，通过写作，"大胆在荆棘黑暗的途中燃着这星星光焰去觅东方的白采，黎明的曙辉"。相对于代言、改造与感化的"温和"表述，白薇的"解剖式"则彰显出"武器"的威力。白薇说："我需要一种武器。""解剖验明人类社会的武器！我要那武器刻出我的一切痛苦，刻出人类的痛苦。""暴露压迫者的罪恶，给权势高贵的人层一点讨伐。"④

与中国现代作家具有相似的启蒙意识不同的是，萧红对着人类的愚昧，不是居高临下，而是那种"我"是人类愚昧之一，"我"和作品的人物处于"同一地平线上"。但随着写作的深入，萧红感觉自我

① 中国社会科学院近代史研究所中华民国史研究室. 胡适来往书信选 [G]. 北京：社会科学文献出版社，2013：193。

② 冰心. 冰心散文 [M]. 杭州：浙江文艺出版社，2000：12。

③ 庐隐. 创作的我见 [J]. 小说月报，1921（7）。

④ 郑振铎，傅东华. 我与文学 [G]. 上海：生活书店，1934：15。

和笔下人物之间的关系却发生了根本性变化，自我成为被悲悯的个体性存在。萧红说："鲁迅的小说的调子是很低沉的。那些人物，多是自在性的，甚至可说是动物性的，没有人的自觉，他们不自觉地在那里受罪，而鲁迅却自觉地和他们一起受罪……

"鲁迅以一个自觉的知识分子，从高处去悲悯他的人物。……我开始也悲悯我的人物，他们都是自然的奴隶，一切主子的奴隶。但写来写去，我的感觉变了。我觉得我不配悲悯他们，恐怕他们倒应该悲悯我咧！……我的人物比我高。"①

在萧红看来，鲁迅和他笔下的人物一起受罪，从高处悲悯人物。而萧红最初的感觉和鲁迅一样，也悲悯人物，也就是说自己也是从高处"俯视"人物，后来感觉发生变化，是人物应该悲悯她，她自觉比笔下的人物还低。之所以发生悲悯与被悲悯的置换，有以下三个方面的原因。

首先是启蒙话语的成因有别。就现代中国来说，萧红先是被启蒙者，然后才是启蒙者，而成为启蒙者之后才能确证以前的被启蒙者身份。鲁迅的启蒙话语源于西方启蒙思想，萧红的启蒙话语源于中国现代启蒙思想（其中包括鲁迅的启蒙思想）影响、东北地域文化体认与战争期间的生命感知。"鲁迅的国民性话语主要是西方文化价值参照下的自我反思，而萧红文学的文化批判力量更多是来自对地域性文化背景和战争状态下人的麻木、卑微、粗鄙的生活形态的强烈体认。如果说鲁迅的启蒙是一种文化实践的话，萧红的文化批判视角则是一种生命实践。相对于文化实践，生命实践虽然缺少思想的光辉和理性的深度，却充满了日常经验和个性感受，更具细节与生命力。"②鲁迅的写作是为"画出沉默的国民的魂灵"，他的国民性批判关注的是典型人物的塑造，通过个体揭示国民性存在的普遍性，比如阿Q。萧红重

---

① 聂绀弩. 回忆我和萧红的一次谈话 [J]. 新文学史料，1981（1）。

② 张丛皞. 谈萧红的文学史价值——为萧红百年诞辰而作 [J]. 学习与探索，2011（3）。

视的则是群体形象的勾画，通过群体的愚昧反映人类愚昧的普遍性存在。萧红先是以启蒙者的姿态或曰高于人物的姿态悲悯人物，可是在进入人物的被启蒙之中，才发现自己也是曾经的被启蒙者，和人物处于同样的状态，这种认识促使她改变主体姿态。

其次，自我生命体验的丰富性与复杂性。萧红，尤其是作为女性，自身的境遇凄凉，经历各种各样的磨难，从情感的角度来说她笔下的人物所经历的"磨难"她都非常熟悉，或者说因为选择她情感熟悉的题材进行创作，笔下人物的一切都是她所熟悉的。他们和她一样，她和他们一样，命运多舛，充满悲剧。她和他们彼此同情和悲悯。

最后，与人物精神与心理的同构性。如果说外在同样悲剧性的生存境遇促使萧红改变对人物的悲悯，而觉得自我和人物相互需要悲悯的话，那么她对人物精神与心理的开掘（或者说她对着人类的愚昧）使她发现，"我"与人物同构。"我"不仅在"愚昧"之中，而且在她的人物之下。所有这些与她"起着思恋的情绪"的人物，突然间变得"比我高"。人物是"自然的奴隶"与"主子的奴隶"，萧红通过对人物的描写发现了自我隐藏更深的"奴隶的心"。人物促使萧红反观自身，人物见证作家的成长与成熟。这也说明人物不是受控于创作主体的悲悯性存在，他们可以获得自我的主体性而使作者成为悲悯性的对象。因而，这些被启蒙者自身就有了启蒙的意义与价值，他们首先启蒙的是作者，然后才能启蒙读者，正如鲁迅所期待的"扰乱了读者的心"。

萧红被她创造的人物所创造。从"悲悯"到"我的人物比我高"，萧红对"我"与人物之间关系的认识有了根本性的变化。在我们的阅读视野中，我们经常看到作家这样的表述，同情人物，悲悯人物，或如20世纪90年代以来的"为老百姓写作""作为老百姓的写作"，这里作者和人物的关系从俯视到平视。但萧红的"我的人物比我高"似乎和中国现当代作家关于人物的认识不同，萧红不是俯视，不是平视，而是仰视。这里的"仰视"不是现当代作家书写英雄人物的崇拜式才有的"我的人物比我高"的仰视，而是对着人类的愚昧书写底层小人物时的"我的人物比我高"的仰视，这不仅仅是"女性的纤细的感觉"与"非女性的豪迈的胸襟"的和合而成，更是匍匐大地的广博的人类情怀与反观自身的深刻的生命意识的浑然一体。也许，这正是萧红的伟大之处。

二、永远的憧憬和追求：温暖和爱

萧红认为作家写作的出发点是对着人类的愚昧，在她的笔下我们也看到人类悲剧的生存图景与愚昧的精神状态。萧红从观照自我、观照女性升华为对于性别、对于人类的深刻认识。她"对着人类的愚昧"，似乎冷静而无情，但是在悲凉的叙述中她仍然是带着爱，向着温暖，有着美好的憧憬。就像鲁迅一样，在鲁迅的作品中我们看到更多的凛冽的外"冷"，但其中蕴含着强烈的内"热"。

萧红在《永远的憧憬和追求》中写道："可是从祖父那里，知道了人生除掉了冰冷和憎恶而外，还有温暖和爱。所以，我就向这'温暖'和'爱'的方面，怀着永久的憧憬和追求。"在祖父去世之后，她说："我若死掉祖父，就死掉我一生最重要的一个人，好像他死了就把人间的'爱'和'温暖'带得虚虚空空。"温暖和爱，成为萧红永久的憧憬和追求。在现实世界中越是感觉到冰冷和憎恶，就越是憧憬温暖和爱，缺失性心理补偿成为她内在的诉求。作为女性，萧红更加深刻体验到低矮的天空对于性别的压抑，但她始终坚持"为着一种理想而生存"。写作给予她的温暖和爱使她获得另一片天空，写作成为她的"宗教"。

1. 性别体验："女性的天空是低的"

萧红说："我一生最大的痛苦和不幸都是因为我是女人。""女性的天空是低的，羽翼是稀落的，身边的累赘又是笨重的！……不错，我要飞，但又觉得……我会掉下来。"萧红对于女性的生存世界与精神世界的不幸与痛苦有着真实的体验与清醒的认识，她以这种体验与认识进行创作，因而文本具有鲜明的性别倾向。"女性的命运乃是历史的命运，女性的结局在这一历史中是早已写出的。唯一未曾写出的，是男性阵营无暇或无力去写的东西，乃是这淹没了女性、个人的生存的，注定了女性、个人的一切故事的历史本身，而这，正是萧红选择去写的东西，也是萧红与同时代女作家及男作家的根本不同。你不能不说，这是那时代女性给历史提供的一份不可多得的贡献。"①

"女性的天空是低的"，没有温暖，没有爱，是冰冷所在。她在散文集《商市街》中写道："没有阳光，没有暖。"她的诗《苦杯·二》中写道："昨晚他写了一首诗，我也写了一首诗，他是写给他新的情人，我是写给我悲哀的心的。"表达她精神上的寂寞、苦闷、失落、凄清。小说《小城三月》中的翠姨，《生死场》中的月英，《呼兰河传》中的小团圆媳妇、王大姑娘等，在男性遮蔽的低矮的天空中被冷眼相待，或抑郁而死，或被折磨而死，或贫穷、生病而死。那个"躲"在叙述者背后、远在香港、只能望乡不能归乡的萧红，在遥远的后花园中重温祖父给予的温暖和爱，其实更加突显心境的冰冷与悲凉。

萧红把自己的性别体验对象化到人物主体之中，生命在主体间绽放。《生死场》书写"北方人民的对于生的坚强、对于死的挣扎"，力透纸背，小说更突出的是在民族压迫与男权压制下女性的生存境遇与生命色调。金枝喊出恨男人，恨日本人，恨中国人，金枝到城里去，其中颇有深意。"在男性将身体升华的地方，萧红停留并详加质疑。女性的身体在性与爱中通常都成为牺牲，而且对女性来说，身体的痛苦无可摆脱。经历身体的毁损而无法自救，比祥林嫂之类死后有没有

---

① 孟悦，戴锦华. 浮出历史地表——现代妇女文学研究 [M]. 北京：中国人民大学出版社，2004：191。

灵魂的精神问题，是更普遍的困惑。"①金枝"恋爱、妊娠、结婚、痛苦地生活着……金枝的境遇同作者十分相似。在这个故事中，金枝的形象带着作者的印迹，是最现实的人物。可以大胆地说，这部作品无论选择怎样的主题、如何发展，金枝的形象都必然会出现的。正如一位画家在描绘人物群像中，其中常有自己的肖像一样，作者在这幅农民群像中，也会勾画自己的形象的"②。萧红选择与自己情感熟悉的题材，她笔下的人物不仅与自己起着思恋的情绪，而且在很大程度上与自己有着"惊人的相似之处"。

当然，这种相似不是单纯的某种经历的真实刻板，而是可能在一丝外在的相似中内在精神或心理的高度契合。进一步说，这种契合有时是出于作者的有意识，而有时却是作者的无意识。《生死场》中的王婆因急于干活而疏于把孩子稳稳放下结果导致孩子被铁犁扎死，小说有一段王婆经常给人讲的故事："孩子死不算一回事……起先我心也觉得发颤，可是我一看见麦田在我眼前时，我一点都不后悔，我一滴眼泪都没淌下。以后麦子收成很好。……到冬天我和邻人比着麦粒，我的麦粒是那样大呀。"孩子与麦粒相比，麦粒更重要。如果王婆真的不后悔，那么她不会像祥林嫂一样不停地讲这个故事。在她不后悔的自我表白中，我们似乎更看到她内心深处的波澜。"不算一回事""不后悔"成为一个有意识的理性认定，而透过这不在乎的表层，一个滴血的受伤母亲的心清晰可见。贫穷导致母性的暂时性丧失，或者说，贫穷使她没有办法实现母性。所以，不是王婆，而是恶劣的生存环境扼杀了一个孩子的生命。萧红把第一个孩子送给别人，似乎也有和王婆一样的不后悔的"宣言"。但在她生命的最后时刻，却嘱托端木蕻良寻找这个孩子。可以想象，在她的内心深处有多少次去"想"这个孩子，这是不是构成她一生无法言说的"痛"？第二个

---

① 艾晓明. 女性的洞察——论萧红的《马伯乐》[J]. 中国现代文学研究丛刊，1997（6）。

② ［日］平石淑子. 论萧红的《生死场》[J]. 北方文学，1981（12）。

孩子刚生下不久，她说是抽风而死。她与情人、丈夫之间的情殇，她以诗歌表达她的"痛"，其实即使自己不言说，也是别人看在眼里的"痛"。然而，她失去孩子的痛，我们只能透过文本的蛛丝马迹探赜寻踪。她写金枝失去孩子的痛，她似乎羡慕《呼兰河传》中的王大姑娘虽然生病而死，但有丈夫的爱与两个孩子的温暖。

我们不是窥探隐私，而是去寻找一个女作家的性别体验与她创作的内在关联。有学者认为："《生死场》表现的也许还是女性的身体体验，特别是与农村妇女生活密切相关的两种体验——生育以及由疾病、虐待和自残导致的死亡。"[1]性别体验贯穿萧红的创作，从女性主义批评视角观照，可以拓展萧红性别经验艺术创作的独到之处，也能体味萧红对于温暖和爱的憧憬与追求的深层动因。

2. 生存观念："为着一种理想而生活"

萧红把自我的生命体验融入文学创作之中，透过文本，我们看到女性悲剧性的生存境遇与人类愚昧的精神自在，在悲凉的氛围中，可以感知作者与人物的冰冷与憎恶，痛苦与不幸。但是，萧红绝不是人类悲哀的咏叹者，她憧憬温暖和爱，显现她"为着一种理想而生活"的生存观念。

"人需要为着一种理想而生活着。""即使是生活上的很琐细的小事，也应该有理想。"在罗荪的记忆中，萧红说这话的时候，"她使烟雾散漫在自己的面前，好像有着一种神秘的憧憬，增加她的幻想"。在友人的印象里，萧红非常健谈，像一个理论家："桃源不必一定和现实隔离开来，正如同现实主义，并不离弃浪漫主义，现实和理想需要互相作用的……"[2]萧红所看到的现实与文本所描写的现实，尽管冰冷与憎恶，但她仍然追求自己的理想，追求温暖和爱。萧红的理想是

---

① 刘禾. 跨语际实践——文学，民族文化与被译介的现代性（中国，1900—1937）［M］. 北京：生活·读书·新知三联书店，2002：188。

② 晓川，彭放. 萧红研究七十年［G］. 哈尔滨：北方文艺出版社，2011：352—353。

拥有独立、个性的"我"，获得爱情，有个温暖的家，成为一个画家、作家。她的理想在现实中的完全实现是，她成为一个作家；而其他的理想或部分实现，或根本没有实现。

她想拥有独立、个性的"我"。娜拉式的出走或离开是为了独立，追求自己的个性。但是她最后的选择往往与独立相悖，她成为依赖他人的"附属品"。

她想获得爱情，她大胆地追求爱。每一次情与爱的选择，都是投向温暖和爱，最初的情感与爱的交流，确实在一定程度上给予她温暖，然而最后得到的回报恰恰都是难以逼出的冰冷。每一次的投向，都是追求一种精神的升腾，最后都没有获得预期的理想爱情。她总是一个人到鲁迅先生家里"取暖"。"她没有一份好爱情，鲁迅及许广平曾经给予她的爱护就是她唯一可以投奔的温暖。"①没有获得爱情，又多被误解。在人生的最后一刻，她说："平生尽遭白眼冷遇，身先死，不甘，不甘。"

她想有个家。母亲早逝，没有母爱的温暖；离开祖父和后花园，她从父亲的家门逃出，生活无依。被父亲开除族籍，她没有家，没有家乡。在战争的颠沛流离之中，宁可贫穷、饥饿，也不再进父亲的家门。她说："家乡这个观念，在我本不甚切，但当别人说起来的时候，我也就心慌了！虽然那块土地在没有成为日本的之前，'家'在我就等于没有了。"②她想有个自己的家，她追求爱，却两次不幸跌落在自我追求的"夫家"的门前。她在诗《苦杯·八》中说："我没有家，我连家乡都没有，更失去朋友，只有一个他，而今他又对我取着这般态度。"她在香港望乡不能归乡，以寂寞悲凉的心境书写《呼兰河传》，深情回忆寂寞悲凉的小城，她的家乡——呼兰河。在生命的最后时刻，她想与"父亲讲和"。她想有个家，可她情归何处？魂归何处？家又在哪里？

---

① 闫红. 为什么受伤的总是她 [J]. 文化博览，2007（8）。
② 范桥，卢今. 萧红散文 [G]. 北京：中国广播电视出版社，1996：335。

获得爱情，拥有家，这些理想对于萧红来说都非常"奢侈"，理想与现实之间的差距非常大。但是，她成为作家的理想却在十年间实现。早在哈尔滨读书的时候，她的理想是将来成为画家。但她没成为画家，她成为一个作家，当然成为作家也是她的理想。在自己的创作中体现绘画之美，是不是也是自己理想的实现?

萧红一生都在"为着一种理想而生活着"。她不断向命运抗争，憧憬与追求爱与温暖。在创作中也是如此。文本给我们呈现的浓浓的温暖和爱是在后花园中与祖父一起度过的时光。虽然萧红的文本多有悲凉，但她时常在文本中透出一丝光亮，《生死场》中冬闲时女人坐到炕上一起聊天、畅所欲言时的幽默、欢喜与痛快，王婆等看望病重的月英的深情，《呼兰河传》中的王大姑娘与冯歪嘴子的爱，《手》中"我"和王亚明读书交流的快乐，等等。这些"好的故事"与"美的场景"嵌在悲凉的文本中，就像掀开了一道缝隙，阳光照进来，让我们感觉到温暖和爱。正如鲁迅《野草》中除了《雪》《好的故事》等，绝大多数散文诗给人以黑暗、压抑甚至窒息感，但恰恰表明鲁迅对光明的追求一样，萧红在浓郁的悲剧氛围中对一丝光亮好似轻描淡写，对不幸、痛苦、愚昧、麻木、冰冷与憎恶精雕细琢，似乎情有独钟，但恰恰表明她对温暖和爱的强烈渴望与追寻。

3. 创作的"宗教"：温暖与爱的执着

"对创作有一种宗教情感"[①]，这是端木蕻良眼中的萧红。写作之于萧红具有特殊意义，萧红对创作具有特殊感情。获得两情相悦的恒久爱情，拥有温暖的家在萧红是不能实现的梦想，但写作却分外眷顾她，她对创作宗教般的执着，让她获得特殊的温暖和爱，也取得创作上的成功。

写作给予她青春与生命。十六岁用文言文写《大雨记》轰动全校；二十二岁被未婚夫抛弃在旅馆，因欠债被当人质，失去人身自

---

① 晓川，彭放. 萧红研究七十年 [G]. 哈尔滨：北方文艺出版社，2011：482。

由。写求救信给报社，最后感动编辑前去探视。在危难之中是求救信救了她的命。她因写作找到情与爱的伴侣，一起出版《跋涉》。因写作而结识鲁迅，得到鲁迅的赏识、帮助和提携，开启写作的绝世风华与黄金时代。因写作与爱人分手，萧红与萧军的一个分歧在于，萧红想在安静的地方继续写作，而萧军则愿意在战斗中丰富人生。因写作而去香港，"她认为一切要服从创作，既然到了香港，环境安定了，避开了轰炸，免去了负担，我们都年轻，希望拼命写东西"[①]。所以，写作成了她的"宗教"。

写作给予她温暖和爱。因写作之缘，她经常去鲁迅先生家"取暖"。在生活与情感的寂寞与孤独中依靠写作取暖，良师逝去，伴侣分离，唯一可以依靠的只有文学。在文学中，她获得的温暖和爱超过任何一个人能给予她的，包括亲人、朋友和伴侣。

写作是她自我生命的确证。虽然她靠写作谋生，但是写作的生存需求不是纯然的物质需求。从物质生存到精神生存，或者可以说，她之所以以写作为生，是因为精神的需求才可能有创作的冲动，从而进行创作并获得成功，获得物质基础。物质生存与精神生存的互为性，在萧红的笔下表现得非常明显。对于萧红来说，写作不是简单的物质需要，也不是一味的宣泄与排遣，它成为一种生存方式。写作之于女作家，具有特殊性。张洁说："没有什么是我的救命稻草，只有写作才是我的救命稻草。""文学是我生命存在的一种形式。"[②]徐坤则认为"我写故我在"。萧红说自己"梦里写文章"[③]，在"文艺咖啡室"栖居自己的灵魂，可见对写作之"迷恋"。写作，成为萧红自我生命的确证，也成为她自我实现的最高境界。

萧红对于写作宗教般执着，在写作上她有自己的理想，或曰"野

① 晓川，彭放. 萧红研究七十年 [G]. 哈尔滨：北方文艺出版社，2011：482。

② 荒林，张洁. 存在与性别，写作与超越——张洁访谈录 [J]. 文艺争鸣，2005（5）：92—93。

③ 聂绀弩. 回忆我和萧红的一次谈话 [J]. 新文学史料，1981（1）。

心"。她说自己不写《一件小事》《头发的故事》这样的小说，要"写《阿Q正传》《孔乙己》之类"的小说，"而且至少在长度上超过"①鲁迅。萧红向经典作家学习，自己在创作上不断寻求超越。在《呼兰河传》《小城三月》到《后花园》中，"她完成从抗战作家到乡土作家的辉煌转身"②。她的文本具有经典的辐射性，内含"底层写作的问题，身体叙事的问题，民族国家的问题，性别的问题，党派政治的问题，终极关怀的问题，以及热遍全球的现代性问题，等等，甚至连后殖民的问题都有，当然是早期后殖民的问题"③。沿着精神导师开辟的道路，萧红向自己的写作理想迈进。

萧红对温暖和爱怀着永久的憧憬和追求。她从写作中获得温暖和爱，但文本中关于爱的表达方式有所不同。冰心的爱的表达方式是直接的，她的文本清晰可见这种印记。但是，萧红表达爱的方式不是直接的，文本的呈现好像在一种"黑暗"中进行，然而透过这"黑暗"，我们看到的是她那种穿越黑暗的"悲凉"，而这悲凉源于对于人类、生活与人生的爱。她把对生活的感受、对生命与性别的体验、对社会的认识、对人类心理的透视通过文本传达给读者，试图通过启蒙照亮人们的内心世界，使人们意识到自我存在的意义、自由追求的价值，从而获得自我认知的尊严，使人类抵达新的境界。我们不能评判哪一种更有价值，更具意义，对于文学创作来说，文学的价值取向自存在文本之中。

三、跨文体写作的诗学诉求

萧红认为，作家写作的出发点对着人类的愚昧。和她的这一创

---

① 聂绀弩. 回忆我和萧红的一次谈话 [J]. 新文学史料，1981（1）。
② 季红真. 溃败：现代性劫掠中的历史图景——论萧红叙事的基本视角 [J]. 文艺争鸣，2011（5）。
③ 季红真. 萧红留给我们的遗产 [J]. 沈阳师范大学学报（社会科学版），2013（6）。

作理念相和合的是，创作主体对于愚昧应该是无情的嘲讽，在艺术方法的运用上更多的应该是讽刺，这在她的文本中都有所存在。但是萧红对温暖和爱的憧憬，使她的创作又多了些温情。萧红一直是为着一种理想而生存，所以为了这理想，她不断向命运抗争，把创作视为宗教。当然，对创作的宗教情感，不仅仅是对创作的执着，更在于对创作的不断超越与突破，既是对自我创作的突破，也是对其他作家的超越，找到属于自己的艺术表达方式，建构属于自己的现代诗学理想。萧红找到了，就是被批评家称为萧红体的跨文体写作。

跨文体写作是直到20世纪60年代才在西方后现代语境中出现的批评范畴，虽然跨文体写作作为一种现象一直存在。在中国，90年代末跨文体写作在文坛形成一股创作热流，这和期刊编辑大力提倡有关，凸凹文本、无文体写作等都是如此。但是在中国现代文学史上，所谓跨文体写作并不是编辑倡导出来的，而是作家自我的追求，鲁迅、郁达夫、沈从文、萧红等莫不如此。这和作家的创作观念、精神气质以及所处的文化语境有关。跨文体写作如果作为一种倡导似乎有悖于文学创作的个性化呈现。进入萧红的跨文体写作，对于我们思考今天的文学创作有较强的现实意义。福科说："写作就像一场游戏一样，不断超越自己的规则又违反它的界限并展示自身。"①萧红的文学创作呈现文体越界的现象，是一种跨体，或曰破体写作，其融合诗歌、散文、戏剧、小说等多种文体，同时融合绘画、民俗等非文学因素。萧红跨文体写作模糊文体之间的界限，是各种文体间的互动，其强化场景、风俗和氛围，使文本获得独特的审美意味。

1. 跨文体：自我的宣言与他者的视域

跨文体是当代批评的"新概念"，因而在现代文学中，并没有哪

---

① 王岳川，尚水. 后现代主义文化与美学 [G]. 北京：北京大学出版社，1992：288。

一个作家标榜自己是跨文体写作，虽然跨文体是现代作家创作的实态。萧红的生命体验表明她追求自由飘逸的灵魂，她较少传统的束缚，面对既成的小说学，她不是简单的认同，而是勇敢发起挑战。挑战的结果是，她的小说在他者的视域中呈现不同的状态，在20世纪30年代至40年代被有些人看成"不是小说"，却被后来的人看成她艺术上的独创，是萧红体、"注册商标式"。现在我们可以把萧红的创作称为跨文体的写作方式，它是萧红追求的现代诗学。

萧红说："有一种小说学，小说有一定的写法，一定要具备某几种东西，一定写得像巴尔扎克或契诃夫的作品那样。我不相信这一套，有各式各样的作者，各式各样的小说。"[①]绝大多数研究萧红的文章都引用这段话，但是没有一篇解释其中的含义。我们可以把它理解为萧红小说创作的宣言。这段话表面看来似乎是萧红脱口而出，但实际上它是萧红关于小说的诗学观念和创作理念。我们可以从两个方面来分析。

一是关于"有一种小说学"的看法，这也分为两个层次。

第一层，"小说有一定的写法，一定要具备某几种东西"。萧红所说的"小说学"是指在20世纪30年代的中国文坛上一些批评家、理论家对小说的看法，他们认为，小说一定要有什么。梁实秋认为"好的小说必须要有一个故事做骨干，结构要完整，要有头有尾有中部"，他的意见是"小说必须要有故事"[②]；穆木天借用一流小说研究家的说法，认为小说"须具有结构、人物、背景等要素"，而"无结构、人物、背景诸条件"是反小说的，是随笔或散文[③]。还有人认为小说"结构无妨平淡，不必曲折离奇"，但"结构却不可不缜密，绝

---

① 萧红. 萧红选集［M］. 北京：人民文学出版社，1981：2。

② 吴福辉. 二十世纪中国小说理论资料（第3卷1928—1937）［G］. 北京：北京大学出版社，1997：258—259。

③ 吴福辉. 二十世纪中国小说理论资料（第3卷1928—1937）［G］. 北京：北京大学出版社，1997：239。

对不可松懈"①，更要有一个"完善的结构""精密的结构"②。从中可以看出，当时的小说学看重小说的几个要素尤其是对于结构的要求非常严格，而这种小说学是萧红不屑遵从的，她的小说结构的"松散"便是明证。沈从文自称文体家，在20世纪30年代，苏雪林批评沈从文创作上的缺点首先是"过于随笔化"③。沈从文认为自己的小说疏忽于结构，他说："我没有写过一篇一般人所谓的小说的小说，是因为我愿意在章法外接受失败，不想在章法内得到成功。"沈从文说得含蓄，迂回，柔中有刚；而萧红则是带着对传统小说学的挑战和叛逆的姿态宣布自己的创作诗学的。

第二层，这种小说学认为，小说"一定写得像巴尔扎克或契诃夫的作品那样"。我们要追问的是像"巴尔扎克或契诃夫的作品那样"到底是怎样。从上下文的连贯性考察，他们的小说符合小说的几大要素，尤其是在结构上非常讲究。契诃夫小说的特点主要是在相对集中的场景、紧凑的故事与情节中通过语言和动作塑造人物，钟情小说的结构布局，结构性强，人是其关注的焦点。契诃夫的小说在20世纪30年代中国作家的心目中是"最完整的形式和内容"④。所以萧红的宣言也是针对小说的完整性而言。那么除了结构性强之外，他们的作品还有什么不是萧红所认同或所要遵循的呢？巴尔扎克和契诃夫代表的是欧洲批判现实主义的小说传统。契诃夫的文学宣言是"按照生活的本来面目描写生活"。恩格斯说巴尔扎克"在《人间喜剧》里给我们提供了一部法国'社会'特别是巴黎'上流社会'的卓越的现实主义

---

① 吴福辉. 二十世纪中国小说理论资料（第3卷 1928—1937）［G］. 北京：北京大学出版社，1997：262。

② 吴福辉. 二十世纪中国小说理论资料（第3卷 1928—1937）［G］. 北京：北京大学出版社，1997：65。

③ 钱理群. 二十世纪中国小说理论资料（第4卷 1937—1949）［G］. 北京：北京大学出版社，1997：266。

④ 钱理群. 二十世纪中国小说理论资料（第4卷 1937—1949）［G］. 北京：北京大学出版社，1997：407—408。

历史，他用编年史的方式几乎逐年地把上升的资产阶级在1816年至1848年这一时期对贵族社会日甚一日的冲击描写出来……他汇集了法国社会的全部历史"①。巴尔扎克书写的是现在进行时的生活，当代性亦即历史性是其显著的特点。米兰·昆德拉认为，"自巴尔扎克开始，我们的存在的'世界'具有历史性特点，人物的生活处在一个充满了日期的时光空间内。之后的小说再也无法摆脱巴尔扎克的这一遗产"②。萧红《呼兰河传》等作品是一种过去时的状态，而这种过去时的生活可能一直延续到现代乃至未来，时间性不是它的显性特征，"像动物一样忙着生死"的常态性是它的焦点。萧红在《破落之街》中写道："这破落之街我们一年没有到过了，我们的生活技术比他们高。和他们不同，我们是从水泥中向外爬。可是他们永远留在那里，那里淹没着他们的一生，也淹没着他们的子子孙孙，但是这要淹没到什么时候呢？"巴尔扎克说自己是法国社会的书记官，他要做的是历史学家，"让每一篇小说都标志一个时代"③。巴尔扎克遵循批判现实主义的生活真实性原则，而萧红的作品除了《生死场》等小说可以模糊看到时代场景，其他大部分小说都淡化时代背景。萧红没有巴尔扎克那么大的"野心"，企图做一个时代的记录者。萧红只想写自己所观、所感、所想，描述那些被历史记录遗忘的人的生存状态，而这样的生存状态作为历史的片段映衬出历史的氛围，具有极高的人类学意义。

二是"我不相信这一套，有各式各样的作者，各式各样的小说"。这是掷地有声的反传统、反经典。萧红的小说诗学是一种敞开的诗学，是真正的文体解放，标志着她思想的开放性。

① 中共中央马克思、恩格斯、列宁、斯大林著作编译局. 马克思恩格斯选集（第4卷）[G]. 北京：人民出版社，1972：462—463。

② [捷克] 米兰·昆德拉. 小说的艺术 [M]. 上海：上海译文出版社，2004：45。

③ [法] 巴尔扎克. 巴尔扎克全集（第1卷）[M]. 北京：人民文学出版社，1999：7。

传统的小说学是对一种创作法则和审美趣味的限定。"趣味的法则和规矩可以成为天才的桎梏；为了飞向崇高、激动、伟大的境界，他予以粉碎。有天才的人的趣味就是：对作为自然的特征的永恒之美的喜爱，使他的画幅符合他创造的我不知道是什么样的范例，根据这种范例，他才形成对美的观念和情感，表现使他激动的需要不断受到文法和惯例的困扰。"①对于萧红来说，她并没有戴上传统小说学法则和规矩的桎梏，她不相信"这一套"，她以现代意识突破小说的固化与概念化。她认为，小说因作家的不同而不同，每一个小说家都有自己创作的方式，她也正是以自己的方式在进行创作。针对她的方式，不同的人评价不同。鲁迅在《生死场》序言中谈道：

> 叙事和写景，胜于人物的描写，然而北方人民的对于生的坚强，对于死的挣扎，却往往已经力透纸背；女性作者的细致的观察和越轨的笔致，又增加了不少明丽和新鲜。

越轨即打破已有文学创作的观念与体例，文体也打上自我的烙印，"萧红体"诞生。

胡风在《生死场》后记中指出《生死场》的短处与缺点。

> 第一，对于题材的组织力不够，全篇显得是一些散漫的素描，感不到向着中心的发展，不能使读者得到应该能够得到的紧张的迫力。第二，在人物的描写里面，综合的想象的加工非常不够。个别地看来，她的人物都是活的，但每个人物的性格都不突出，不大普遍，不能够明确地跳跃在读者的前面。

---

① 古典文艺理论译丛编辑委员会. 古典文艺理论译丛（第6册）[G]. 北京：人民文学出版社，1963：131。

20世纪40年代，萧红的小说在他者的视域中"不是小说"。这可以从茅盾对萧红《呼兰河传》的评价中看出。

> 也许有人会觉得《呼兰河传》不是一部小说。
>
> 他们也许会这样说：没有贯穿全书的线索，故事和人物都是零零碎碎，都是片段的，不是整个的有机体。
>
> 也许又有人觉得《呼兰河传》好像自传，却又不完全像自传。
>
> 但是我觉得正因其不完全像自传，所以更好，更有意义。
>
> 而且，我们不也可以说，要点不在《呼兰河传》不像是一部严格意义的小说，而在于它这"不像"之外，还有别的东西——一些比"像"一部小说更为"诱人"些的东西：它是一篇叙事诗，一幅多彩的风土画，一串凄婉的歌谣。[①]

茅盾这段话的前半部分是指传统小说学对萧红作品的认识，这种观点带有普遍性；后半部分茅盾说《呼兰河传》是诗、画、歌谣。风土画是说它的民间性、世俗性与绘画性特点，歌谣具有民间性与音乐性。这是茅盾跳出小说文体，从跨文体和文学性的角度对萧红的肯定，也是当时能够真正体恤文本、具有远见卓识的批评。

20世纪30年代，传统小说学掌握言说小说的话语权。虽然在30年代，受美国小说家海明威等人创作的启示，也有中国作家认为："现代短篇小说，已经不需要一个完美的故事，一个有首有尾的结构。"[②]但这只是个别声音，并没有动摇传统小说学的地位。由此，我们可以看到萧红不信的"这一套"背后的强大力量。40年代，虽然有茅盾这样的批评家肯定萧红的创作，但这样的声音仍然太少。

---

① 萧红. 萧红全集·呼兰河传 [M]. 南京：凤凰出版社，2010：125。

② 钱理群. 二十世纪中国小说理论资料（第4卷1937—1949）[G]. 北京：北京大学出版社，1997：407—408。

当代评论家对萧红的评价和传统小说学的法则明显不同，杨义称萧红是"诗之小说作家"，葛浩文说萧红的文体是"注册商标个人'回忆式'文体"。德国汉学家顾彬认为，从西方的观点来看，20世纪40年代中国文坛对萧红《呼兰河传》不是小说的指责并不成立，它同"艾伯哈特·莱默特所讲的渲染环境氛围以及弗朗兹·斯坦泽尔意义上的全景描绘都有相通之处。大量的情节、人物和回忆在此被引入来对农民的生活世界做生动刻画"①。学者赵园认为，萧红的小说具有"散文特征"。所有这些表明，萧红的小说不是传统意义上的小说，而是一种新型的跨文体小说，这是她"不信这一套"的小说诗学主张与创作实践的实绩，至此萧红的跨文体创作在当代他者的视域中获得自我的独立价值和审美意义。

2. 跨文体写作的文本表征与审美意味

萧红的跨文体写作是多种文体与多种因素的融合与创化，从它"不是什么"的角度来谈似乎比较容易，而探求"它是什么""它怎样"却比较困难。跨文体，是融小说、散文、诗、戏剧于一体，熔文学因素与异质因素于一炉，是艺术的浑融之境。萧红的跨文体写作在场景的象征性铆接、风俗的审美性存在、氛围的艺术性营造中臻于化境，具有独特的审美意味。

首先，戏剧性：场景的象征性铆接。萧红的跨文体小说大多情节结构弱化，故事背景淡化，但她却特别注重场景的自然转换与象征性铆接。在《呼兰河传》中，"除了那种经常是诗意盎然的回顾的本领外，许多场景的象征性铆接，最终都可以让我们说这是一部叙述得经常是扣人心弦的杰作"②。场景的铆接如同电影蒙太奇画面的组接，戏剧表现空间的转换与连缀，拼图的无缝隙拼贴，它关注空

①〔德〕顾彬. 二十世纪中国文学史〔M〕. 范劲，等译. 上海：华东师范大学出版社，2008：225。

②〔德〕顾彬. 二十世纪中国文学史〔M〕. 范劲，等译. 上海：华东师范大学出版社，2008：225。

间场域的立体延展，而不是时间的线性发展。虽然在萧红的小说中有线性时间的存在，但是在每一时间段共时性的空间敞开是她文本的聚焦点。

每一部小说都有一个大的场景或空间，如生死场、呼兰河城、小城，而这些大的场景与空间又被分割成几个小的空间，在每一个小的场景与空间又上演着不同的活剧。"它的故事片段是戏剧化的，而它的章节安排是场景性的。犹如民间地方戏开演时的搭台子，拉大幕；小说里的呼兰河是一座大舞台，各个不同地方是它的小场景。这种由场景进入故事，把人物置于场景的方式，使得《呼兰河传》的结构接近现代影视观众熟悉的一种戏剧类型：情境喜剧。"①呼兰河城的大泥坑淹死牲畜家禽，人们借此得以吃肉、热闹和消遣；染缸房里边"两个年轻的学徒为了争一个街上的妇人，其中的一个把另一个按进染缸里给淹死了"；后花园里，"我"和祖父嬉闹游戏；老胡家，婆婆和小团圆媳妇打与被打；磨坊里，冯歪嘴子和王大姑娘以及孩子的生活。《生死场》也是如此，由麦场、菜圃、屠场、荒山、都市等十七个场景组成，表现北方人民"对于生的坚强和死的挣扎"。从传统小说学结构性的角度看，小说松散，未经过周密设计，似乎不够严谨。没有情节的统一性，读者很难把它当成小说，但它存在"某种更为深层的东西来保证小说的统一性：那就是主题的统一性"②。这正是萧红跨文体小说的特别之处。"在小说提供给我们的东西中，我们越是看到那'未经'重新安排的生活，我们就越感到自己在接触真理。"③场景与在此空间中活动的群体是重点，小说具有群体的浮雕感。

在萧红的跨文体小说中，不是哪个或哪几个人物是小说的主角，

---

① 艾晓明. 戏剧性讽刺——论萧红小说文体的独特素质 [J]. 中国现代文学研究丛刊，2002（3）。

② [捷克] 米兰·昆德拉. 小说的艺术 [M]. 上海：上海译文出版社，2004：103。

③ [美] W·C·布斯. 小说修辞学 [M]. 华明，胡晓苏，周宪，译. 北京：北京大学出版社，1987：25。

他们似乎都是主角，又都不是主角。《生死场》的主角是人的生死场，是生存，是生与死；《呼兰河传》的主角是呼兰河城。所有的场景与空间都指向小城，小城具有凝聚力与向心力，那些场景与空间都成为小城、小城人某一个侧面的象征，它们铆接在一起就构成小城的总体性象征，反过来说，铆接在一起的场景与空间成为小城整体形象的具象化呈现。

司马长风在《中国新文学史》中说：

> 小说的要素是人物、情节和环境，一般的小说都以人物或情节为中心，《呼兰河传》则以环境——一座小城为主轴，在现代小说中实属罕见。鲁迅的《故乡》，虽具有这种倾向，但浅尝辄止。
>
> 沈从文的《边城》，名为边城，实际上是写翠翠和老渡船。认真地把一座小城作为小说，实是萧红的首创。
>
> 以小城为主轴，没有什么曲折动人的情节，而东北的小城小镇，又那样荒凉简素；所写寥寥几个小人物，也都是灰色的小人物，就像脚踏的土、路旁的石、荒野的草，从来不会吸引人注意的；可是萧红那支点铁成金的笔，竟把他们写得那么鲜活可爱，显出了非凡的才能。书中的有二伯，比鲁迅笔下的阿Q更有血色更活气；小团圆媳妇可与沈从文笔下的萧萧争辉；冯歪嘴子可与老舍笔下的祥子媲美。她使小城里的人物获得了不朽的艺术生命。
>
> 全书七章，没有贯通紧密的情节，以独语式的白描，各自成篇。但是连缀在一起，又像生命那样和谐。
>
> 其实每一章都是一篇散文诗。在现代作家中，沈从文的《边城》，老舍的《月牙儿》，徐讦的《彼岸》都表现了不同的风格。这四部作品，在现代文学中，又都是出类拔萃的杰作。

在现代文学经典的视域中观照萧红及其创作，更可看出她跨文体写作的经典性存在。

观照跨文体写作的视域宏阔，它关注个体，更重视群体性。也许人物性格不够鲜明，不似巴尔扎克和契诃夫那样塑造典型环境中的典型人物。如鲁迅在《生死场》的序言中说："叙事和写景，胜于人物的描写。"这也可以解释为"描写人物并不怎么好"[1]。但是，它的宏观性与象征性的场景所带来的空间感和浮雕感却优于传统的小说创作，这也正是萧红的追求。

其次，民间文化景观：风俗的审美性存在。在萧红跨文体小说场景里活动的，不仅仅是人，还有风俗或曰民俗事象与民间文化景观，因而它的浮雕感是植根于风俗画中的浮雕，而不是单纯的人物浮雕。这些风俗不是作为人物的陪衬，而是和人物具有同等重要的意义和价值。甚至我们会有这样一个印象，萧红的跨文体写作中人物形象模糊而民俗事象凸显。不能想象，如果抽掉这些风俗和民间故事，萧红的小说还会有什么。在萧红跨文体文本中，风俗成为主体审美观照的对象，是具有特定价值的审美性存在，和人物一起在文本中跃动。

风俗和人之间的关系是互动的，风俗是集体的历史的生成，风俗一旦生成，作为一种文化范式，反过来规约人们的思想和行为。正如巴尔扎克所说，风俗是民族的生活方式，"人的心的历史""社会关系的历史"[2]。《呼兰河传》整个第二章都是叙述小城中的盛举，跳大神、唱秧歌、放河灯、野台子戏、四月十八娘娘庙大会等等，小城人共同参与的这些盛举是风俗的外显形式，是特定的地域文化模式。其他章节也或多或少地谈到小城的风俗，磨坊里的打梆子，养猪的唱秦腔，看新媳妇、打新媳妇，吃白糖的年糕、红糖的年糕，等等，它们

---

① 萧军. 鲁迅给萧军萧红信简注释录 [G]. 哈尔滨：黑龙江人民出版社，1981：236。

② 瞿秋白. 马克思、恩格斯和文学上的现实主义 [J]. 现代，1933（6）。

虽够不上盛举，但恰恰蕴含民族文化心理的隐形结构。"百病皆无"的十二岁少女成为团圆媳妇之后，因为不害羞、坐得直、走得快，被婆婆吊在梁上狠打，皮鞭抽，冷水浇，热水烫。打新媳妇是当地的风俗，"哪家的团圆媳妇不受气，一天打八顿，骂三场"。婆婆是"为了她着想，不打得狠一点，她是不能够中用的"。《小城三月》中因民间有"好女不嫁二夫郎"说法，翠姨作为"出了嫁的寡妇的女儿"而深感命运不济，她没有勇气选择自己的生活，忧郁而死。这些深层次的风俗和人的文化心理连在一起，成为集体无意识。杨义在《20世纪中国小说与文化》中认为，萧军《八月的乡村》"所提供的是东北人民在'九一八'后特殊的历史条件下为生存而斗争的心理情态，具有特定的时间内涵。萧红的《生死场》思考的问题远比萧军更辽阔深远，思考着处在原始半原始状态中人的生与死的哲理及人类的机制，所提供的是东北特定环境中长期形成的民间文化景观，以及这种文化景观在日本侵略条件下产生的反应"。

萧红对风俗的描写和鲁迅在《药》中的以"人血馒头"为药、《祝福》中的捐门槛等风俗描写一样，通过风俗审视中国的传统文化，审视国民性；和沈从文对于风俗的描写不同。对于沈从文来说，风俗是一首民族集体创作的抒情诗（汪曾祺语）。他通过风俗书写优美、健康、自然而又不悖乎人性的人生形式，发掘人性美与人情美，建构自我的"希腊小庙"。和鲁迅、沈从文相同的是，萧红也把风俗渗透到小说的叙事中，写人写风俗；不同的是，萧红把风俗作为独立的章节书写，写风俗写人。可以说，萧红对风俗的描写更加偏爱和执着，这是因为萧红在不能归乡而只能望乡的复杂心境中书写风俗。一方面这些风俗是关于故乡的记忆，它能够勾起和故乡亲密接触的生命体验的亲切感和愉悦感；另一方面她回望这些记忆中的、现在仍然存在的风俗，让她又有一种疏离感和陌生感，她触摸到一种民族的疼痛，而后花园的世界只是她和祖父两个人的成为记忆的世界。风俗在文本中的凸显融合着熟悉与陌生、快感和痛感，它弥漫在、渗透到文本的每一个角落，风俗就成为萧红跨文体写作的审美性存在。

最后，诗性：氛围的艺术性营造。场景、风俗在萧红的跨文体文本中经过艺术性的加工营造一种诗性氛围。"氛围是一件事物的磁场，是一件事物在人类心理上的投影。"[①]在传统小说中作为背景存在的气场与氛围在萧红跨文体写作中成为主调，因而萧红的小说被有的批评家看作"氛围小说"[②]。小说离不开故事，但故事不是小说。传统小说重视故事高于一切，它用讲述的方式给读者一个清晰的有意思的情节，而跨文体写作则侧重用描述的方式给读者一个模糊的有意味的诗性气场。朱光潜说："第一流小说家不尽是会讲故事的人，第一流小说中的故事大半只像枯树搭成的花架，用处只在撑持住一园锦绣灿烂生气蓬勃的葛藤花卉。这些故事之外的东西就是小说中的诗。"[③]萧红的跨文体写作在传统小说学那里不是小说，但是在茅盾那里是"诗"，在理论家这里是"小说中的诗"。之所以被称为诗，关键在于艺术氛围的营造。这体现在以下三个方面。

第一，抒情语体的运用。萧红的跨文体写作总体上呈现抒情性特征，这主要缘于抒情语体的运用。"萧红作品的语言结构……是在模仿情绪，它们是依据作者本人极为深潜极为内在的情绪来组织的，也因而往往有像是随意的省略，有其明显的有意的不规范性。你只有在这种语言结构的整理功能中，在这种语言组织与一种诗意情绪的对应关系中，在这种语言组织附在的情绪中体验那美。"[④]《呼兰河传》第四章共分五节，其中第一节开始不久便出现"刮风和下雨，这院子是很荒凉的了"。而第二节至第五节直接以"我家是荒凉的""我家的院子是很荒凉的""我家的院子是很荒凉的""我家是荒凉的"开头，这

① 钱理群. 二十世纪中国小说理论资料（第4卷1937—1949）[G]. 北京：北京大学出版社，1997：281。

② 锡庆. 萧红氛围小说 [G]. 上海：上海文艺出版社，1996：13。

③ 朱光潜. 朱光潜美学文学论文选集 [M]. 长沙：湖南人民出版社，1980：26。

④ 赵园. 赵园自选集 [M]. 桂林：广西师范大学出版社，1999：91。

种语体奠定了文本的抒情基调，营造一种荒凉的氛围，和萧红在香港寂寞中写作的心境呼应。

第二，描述性语言的运用。讲述性语言是指用全知视角概括故事的历时性内容，而描述性语言是以客观的视角让故事自己叙述自己①。萧红有效运用两种语言方式，尤其是描述性语言的大量运用，使文本获得一种对话氛围。在跨文体文本中萧红显然不是要把故事讲得"有意思"，"一旦小说放弃它的那些主题而满足于讲故事，它就变得平淡了"②，而是要把小说写得"有意味"。第一人称的儿童叙事是双重的限知叙事，所以在很大程度上能够让故事叙事自身，没有全知的话语权威，但是给故事和读者充分的自我空间。叙述者和故事之间、叙述者与读者之间、故事和读者之间都构成一种对话性，所以文本很容易把读者带到作者营造的艺术氛围中。

第三，虚实关系的处理。这涉及两个方面的问题，第一个问题是真实与虚构问题。传统小说学不把萧红的小说看成小说，一方面在于其结构的散漫，一方面在于《呼兰河传》这样的小说像自传又不全是自传。自传的真实、非自传的虚构在萧红的文本中并存，在小说中如此，在散文中也是如此。《萧红全集》中《商市街》的所有文章作为散文分类，但是其中《弃儿》等篇章被有些批评家看作萧红的"早期小说"③。也就是说，萧红的小说散文化，散文小说化，所以有些人认为是小说，有些人认为是散文，这是萧红跨文体写作的结果。"萧红追求的不是小说的功利和结构匀整，而是散文化的小说。她写了大量小说后，还有人把她当作优秀的散文家。"④对于文本来说，它是小说还是散文并不重要，它是真实还是虚构也不重要，重要的是，它是不

---

① 格非. 小说叙事研究 [M]. 北京：清华大学出版社，2002：93—96。

② ［捷克］米兰·昆德拉. 小说的艺术 [M]. 上海：上海译文出版社，2004：104。

③ 锡庆. 萧红氛围小说 [G]. 上海：上海文艺出版社，1996：3。

④ 杨义. 二十世纪中国小说与文化 [M]. 上海：上海三联书店，2007。

是一种如贝尔所说的"一种有意味的形式"，能不能激起读者的审美情趣。第二个问题是实写与虚写的问题。一是萧红写风俗写得实，而有些人物写得虚，读者可以感觉到、想象出人物的大体轮廓，但看不出人物的清晰面貌，因为萧红不注重肖像描写，注重空间场域中人的生存状态。二是萧红写情感虚实相映，《小城三月》中表现翠姨的感情实实虚虚，而对于哥哥的情感则多半处于虚写状态。三是第一人称儿童视角作为限知叙事，有的事情必然处于虚写状态。因为萧红很好处理了虚实之间的关系，所以她的作品存有艺术空白与召唤结构，具有模糊与朦胧之美。

和传统小说人物、情节、环境三要素不同，场景、风俗与氛围构成萧红跨文体小说文本的主要因素，这是她"不信这一套"构建自己的"这一套"的现代诗学理想与具体化实践，显现戏剧的智慧、"诗的别才与散文的风韵"①，当然还有绘画的天才。

3. 跨文体写作的文体诉求与心理结构

萧红挑战传统，挑战权威，生活如此，写作也是如此。表面看来，跨文体写作仅和她的精神气质、个性特征有关，其实并非如此，我们还可以从文体、接受以及萧红的文化心理结构等方面分析她跨文体写作的历史生成。

首先，从文体自身的角度分析，跨文体写作在于文体的诉求和小说的融合能力，这可以分为两个层次：

第一，在现代性的视域中，跨文体写作是一种历史的存在，它有着自身的合理性。文体的产生是文学实践与发展的结果，但这并不意味着文体是固定的、永恒不变的，或者文体之间的界限永远是泾渭分明的，恰恰说明文体是动态的过程。正如什克洛夫斯基所说，任何一种对文体的划分都是历史的划分。对于文体来讲，也就是没有绝对的是或不是。文体划分的局限性正说明跨文体写作的合理性。拉尔夫·

---

① 杨义. 中国现代小说史（第2卷）[M]. 北京：人民文学出版社，1998：562。

库因说："所有的归类都是凭经验来操作的，而不是按逻辑进行的。它们是由作家、读者和批评家三者共同参与建构的一种历史假设，其目的是为了阐释和审美的需要。文类为阐释提供了期望，一旦发生某种偏差，文类就有可能成为阐释的羁绊。"①文体的划分是为了阐释文本的需要，这是积极的一面；但这种经验的固化反过来会限制对文本的阐发从而走向消极，20世纪30年代和40年代对萧红小说的评价就是如此。这成为文体划分的一个悖论。从这个意义上说，跨文体写作更符合文学创作本身，更具合理性，我们由此可以看出萧红"不信这一套"的深层结构。

第二，小说本身就具有跨文体特征，这源于它的"融合能力"。米兰·昆德拉说："小说有一种非凡的融合能力，诗歌与哲学都无法融合小说，小说则既能融合诗歌，又能融合哲学，而且毫不丧失它特有的本性（只要想想拉伯雷和塞万提斯就可以了），这正是小说有包容其他种类、吸收哲学与科学知识的倾向。"②这种融合能力包括对其他文体的融合，又包括对非文学因素的融合。萧红的小说融合了诗、散文和戏剧的因素，同时也融合了绘画、民俗等异质因素，跨文体特征十分明显。

其次，从接受主体的角度分析，跨文体写作和接受主体的审美需求有关。"阅读是对作品的欲求，是要融化于作品之中，是拒绝以作品本身的言语之外的任何其他的言语来重复作品。"③因此，对文本的阅读与接受是接受主体的自由，是一种主体能动性的表现，但是文体"这一观念是种简单化了和普遍化了的概念，使我们可以迅速辨别出一类文本的主要特征。被告知我们要读的文本是小说或诗歌，阅读时

---

① 杨金才. 文类、意识形态与麦尔维尔的叙事小说 [J]. 外国文学评论，2000（1）。

② ［捷克］米兰·昆德拉. 小说的艺术 [M]. 上海：上海译文出版社，2004：83。

③ ［法］罗兰·巴特. 批评与真实 [M]. 上海：上海人民出版社，1999：76。

我们就会自动激活这种文类的成规性知识，并以此来指导对文本的阐释"①。文体对文本的预设禁锢了接受主体的审美思维，窄化了文本的阐释空间。我们不能否认文体对接受主体前理解的积极作用，但是对于接受主体来说，他面对的不是文体，而是文本。只要文本具有文学性，能够激起他的审美期待，无论是什么样的文体，对于他来说，都是不重要的了。所以，跨文体写作是接受主体的审美需求，它的存在是必然的。

最后，从文化心理结构分析。萧红的文化心理结构主要以五四新文化和西方文化为主，虽然萧红也阅读中国古典文学，但是对她影响不大。中学时期，萧红阅读鲁迅、茅盾、郁达夫、冰心、徐志摩等人的作品，而后来更受到鲁迅的影响。她不仅是在"表现的深切"如国民性思想的批判性上学习鲁迅，在"格式的特别"上也潜移默化地受到鲁迅的熏陶。鲁迅《秋夜》写道："在我的后园，可以看见墙外有两株树，一株是枣树，还有一株也是枣树。"这个最具陌生化和审美意味的句子被萧红在《呼兰河传》中转化成这样的表述方式："那终年有病的老太太的祖母，她有两个儿子，大儿子是赶车的，二儿子也是赶车的。"可见鲁迅影响之深。萧红的跨文体写作尤其受到鲁迅《伤逝》《故乡》等文本影响。五四时期文学带有青春期的诗性特征，和萧红的内在气质比较吻合。也正是因为这一点，她选择了屠格涅夫"纯粹的艺术的描写"②，而不想写得像"契诃夫那样"。

萧红的文学创作不是依赖丰富的学养和深厚的文化底蕴，更多的是女性对人生的敏感，所以，在她的心理结构中没有束缚，没有框框，随意而为，随性而动，正如伍尔夫所言："女性的风格就是自由的风格。"她的创作是靠灵性、灵气支撑的，当然还有对创作的宗教般的执着与大胆探索。胡风在萧军面前夸萧红："你肯能写得比她深

---

① ［荷兰］杜威·佛克马. 松散的结尾并非终结：论形式手段、互文性与文类［J］. 王蕾，译. 西南民族大学学报（人文社科版），2007（7）。

② ［俄］屠格涅夫. 前夜［M］. 沈颖，译. 北京：商务印书馆，1921：1—2。

刻，但常常是没有她的动人。你是以用功和刻苦，达到艺术的高度，而她可是凭个人感受和天才在创作。"①回忆方式和童年视角是天才感觉的完美选择。回忆性叙事带有抒情性色彩，童年视角具有随意性和非逻辑性特征，它们在诗性与灵性的结合中成功创造了萧红的跨文体写作。

萧红跨文体写作没有束缚和规约，是文体的解放，是主体的解放，是自由精神的张扬。巴赫金说："一种体裁总是既如此又非如此，总是同时既老又新。一种体裁在每个文学发展阶段上，在这一体裁的每部具体作品中，都得到重生和更新。体裁的生命就在这里。"②萧红跨文体写作打破传统，开创了现代小说诗学的新路向，创造了小说的新形式，促进了小说的现代化进程。跨文体文本是现代小说诗学的重要实践成果，具有独特的审美品格。米兰·昆德拉认为，小说的智慧是不确定的智慧，这是塞万提斯留给我们的遗产。我们是否可以把这种内在指向性也看成外在形式的指涉，就形式来说，小说同样是一种不确定的智慧。"文字里闪出一种智慧的光辉来，屠格涅夫能够，乔治·桑能够，萧红能够。"③萧红跨文体写作注重场景的象征性铆接、风俗的审美性表现和氛围的艺术性营造，融合多种文体与非文学因素，具有不确定性的模糊之美、照亮生活的智慧之美以及文体系统的整体之美。

以萧红为代表的东北流亡作家在中国文学史上占有非常重要的地位。东北流亡作家是知识分子第一次认真打量社会底层人物，而不是关注知识分子自身。萧红没有知识分子书写底层之隔，自身的底层身

---

① 杨义. 中国现代小说史（第1卷）[M]. 北京：人民文学出版社，1986：551。

② [俄]巴赫金. 陀思妥耶夫斯基诗学问题 [M]. 白春仁，顾亚铃，译. 北京：生活·读书·新知三联书店，1988：156。

③ 钱理群. 二十世纪中国小说理论资料（第4卷1937—1949）[G]. 北京：北京大学出版社，1997：281。

份使她以"我的人物比我高"的主体姿态"对着人类的愚昧"。这一点为20世纪90年代直至新世纪的底层书写提供了更好的范式。不是居高临下的启蒙，不是远距离的冷静旁观，而是平视性、融入式的感同身受，甚至处于仰视性的被悲悯之中。她深沉的悲怆与深广的忧郁形象化地在读者面前展现。

在中国文化版图中，东北流亡作家找到自己的位置，以文学的方式把对东北文化的体认真切地鲜活地传达给读者。也许我们荒荒然于自己脚踏的土地，默默然于自己生命的栖居之地，但以萧红为代表的东北流亡作家以生命的激情与民族的正义巍然屹立于中国大地。她带着一颗心寻找民族的精魂、自己的家园，也许她的脸上写满忧郁，内心充盈悲凉，但是渗透在精神深处的还有对温暖和爱的永远的憧憬和追求。

萧红以自己的生命体验、创作实绩、诗学理想体认自己的存在，使一度被遮蔽、被误读的自己赫然重放光彩，使被忽略与被漠视的东北与东北文化卓然确证自身。几十年已经过去，但她追求诗学理想的宣言依然那么清晰地回荡在文学的天空。

永远三十一岁的前辈

刘兆林

　　大地主家庭的无情，国土沦丧的屈辱，成就了黑土地女作家的叛逆性格，和凄美中夹裹讽刺，冷峻中隐含幽默的"女性的纤细的感觉""非女性的雄迈的胸襟""越轨的笔致"。她是五四新文化的女儿，"民族魂"鲁迅先生的弟子，东北黑土大地的骄傲！向这位永远三十一岁的文学前辈致敬！

——题记

一

　　一年春天，记得正是春风扑怀人人都想解开衣扣天马行空的时节，一个风头正劲的东北作家说，东北没有作家！

　　那时中国还没人获过诺贝尔文学奖。站在东北黑土地上说东北没作家的这位作家，一定是立足世界云端说这话的。其实，他还可以说，中国也没有作家，但他没这样说。这就有可能，他认为中国还是有作家的。他的口气比我当年听到的另一位也风头正劲的南方作家谨慎多了。那位南方作家在一次有位外国的文学教授在场的文学报告会上说，鲁迅的小说也没什么了不得，不少青年作家其实已超过了鲁迅。这青年作家的小说我是佩服的，但他对鲁迅先生的不敬，让我心生不快，所以对他的中国没有作家的意思激烈地腹诽了一番。听到那位东北作家说东北没有作家那会儿，我只多遍读过《生死场》《呼兰河传》《小城三月》等萧红的作品，却还没读过她深受鲁迅《阿Q正传》那种老到讽刺风格影响而写出的长篇小说《马伯乐》，对萧红还没有今天这样全面深刻的认识，所以心下虽不服"东北没有作家"这说法，也不过腹诽一番而已，嘴上并没发声，笔下也没留言。我腹诽那说法的理由是，中国现当代文学史最被公认的要数鲁迅先生。由此联想，东北不是还有个很被鲁迅认可，我也深受其影响的萧红吗？

这个在读者心中永远三十一岁的杰出作家，她的故乡呼兰和我的故乡巴彦，原来在一个县，后来才分开的，现在又同属哈尔滨市所辖。当年，我离开故乡远行，跨过的第一座桥是两县界河上的少陵河桥，相距不远的第二座桥就是呼兰河桥了。而多年后我每次回故乡，必得先跨过呼兰河桥，才能踏上我故乡的少陵河桥。因这一地理缘分，我想躲开萧红都不可能。萧红是大地主家庭的叛逆闺秀，因与恪守封建礼教的继母和当过教育局局长和督学的严厉父亲感情都很冷漠，从小生成了对大地主家庭中长工及底层人民的同情，以及对家庭和旧礼教的叛逆心理，对家庭包办的婚姻极为不满，所以逃婚离家，到哈尔滨和北京，求学自由民主思想，成为"五四"的女儿。后又因抗日，与自由恋爱的丈夫萧军一同逃往青岛和上海，成为"民族魂"鲁迅先生的得意弟子，由此成长为爱国抗日的优秀作家。她的父亲曾任呼兰县教育局局长和黑龙江省政府文化厅秘书，因身为教育官员，亲生女儿却在省城读书期间反叛包办婚姻，与自由恋爱的男人同居有伤风化，被贬至我的故乡巴彦，任县教育局督学。若不是考虑负面影响，他也会把萧红带到我们巴彦继续读书的，但那时萧红成了最让他丢脸的事，所以他只把儿子带到巴彦，而将不肖之女由继母带到远离巴彦的阿城乡下，在大地主叔叔家看管起来。后来，萧红自己又偷偷逃出阿城。再后来，日寇发动九一八事变，东北沦陷，萧红不当亡国奴，又从哈尔滨逃亡到青岛，而后又将写于青岛的抗日小说《生死场》投给居住在上海的鲁迅先生，随后因一同从哈尔滨逃往青岛的共产党员作家舒群被捕，萧红和丈夫萧军一同逃往上海投奔鲁迅先生。萧红的《生死场》和萧军的《八月的乡村》，同时被鲁迅极力推介发表，产生巨大影响。这是新婚夫妇萧红和萧军的笔名第一次同时使用，共同的含义是谐音"小红军"。从此萧红和丈夫一同开始了以笔为枪的爱国抗战生涯。鲁迅先生去世后，她从留学的日本回到上海。全国抗战爆发后，她曾去往重庆的八路军办事处，又曾去往抗日前沿山西临汾和陕西西安，后因身孕和疾病，辗转到武汉，一路写下诸多直接描写抗战的作品，如《黄河》《逃难》《山下》《汾河的圆月》《莲花池》《孩子的讲演》《朦胧的期待》，尤其是《旷野的呼喊》。她既万分憎恨日本侵略者，也十分憎恶国民及知识分子的劣根性，同时更深爱着沦陷的东北故乡。她的奔波与漂泊，都是为了反抗。这个体弱多病的小女子，却是精神极其顽强的自由战士。她主张，一个作家应该以笔为刀枪去做精神的征战，而不是直接持枪去与敌人白刃搏杀，所以她最后与非要直接持枪当红军战士的丈夫萧军分了手，反向逃亡到相对安静的港湾——香港。在那里，漂泊和抗争多年的萧红，比拿枪战士还坚强却十分寂寞地一边与病魔做斗争，一边执笔写下短暂一生中最为辉煌的一批杰作——《北中国》《马伯乐》《呼兰河传》《小城三月》等名篇。中篇小说《小城三月》是她在香港写下的最后一篇文学作品，那哀婉的笔调和凄凉的故事，成了她为自己写下的挽歌。读过她短短一生的全部作品，和关于她的多部传记，我没法不极力赞美这位从中国最北端一路与缠身病魔相伴着漂泊过北京、青岛、上海、日本、武汉、重庆、临汾、西安、武汉，最后一直飘零到中国南部香港的女作家。她并不是想到香港过安逸的避难生活，她觉得，相对战乱与硝烟笼罩的环境，香港更有利于她的写作。她一直给自己定位于以笔为刀枪的战士，所以在香港虽已重病压身，她的笔却没有停止过。在香港那段时光，她最大的贡献是，在同一时空完成了两部笔调与风格截然不同的长篇代表作，一部是最能代表其创作风格的自传体田园小说《呼兰河传》，另一部是用鲁迅写《阿Q正传》那种风格写成的讽刺小说《马伯乐》。《马伯乐》以20世纪三四十年代国难当头时"逃难"这一政治文化景观为背景，以一个知识分子典型马伯乐为主人公（讽刺对象），对抗战以及民族出路问题进行深省。鲁迅笔下的阿Q是乡间流浪汉，他被剥夺了劳动权利而糊糊涂涂地走上造反的道路，一事无成却靠着精神胜利法支撑自己，自私而麻木地活着。被日寇入侵逼上无休止的逃难之路的绅士家庭出身，颇有教养的知识分子马伯乐，也与阿Q具有相同的精神疾病，自私、卑怯、麻木，总是把"逃"说成"退"，把退当成一种出路，与"精神胜利"是同一病症的两个不同侧面。鲁迅写阿Q，是在画中国寂寞的灵魂和国民劣根性，萧红写马伯乐，是以"逃"的意识从另一角度揭示知识分子的劣根性。学习鲁迅的讽刺手法，继续刻画中国的魂灵，这应该算是萧红对中国文学的一大贡献，但是她的贡献被当时的主流文艺思潮忽视了，至今也没被重视起来。她这部独具意义的讽刺力作，虽与同期完成的《呼兰河传》风格迥异，却仍属她一贯创作经验的发挥，即她总是写自己亲历的最熟悉的生活。这部完全是在香港写成的长篇小说《马伯乐》，就是萧红多年漂泊与逃难生活的积淀和深有感触的独特发现，不过是用另一种风格表达罢了。所以，《马伯乐》该算是她别样风格的代表作。其实，此种讽刺风格，在她以前的作品里已露端倪，如《三个无聊的人》《逃难》，可惜都被当时的战乱遮蔽了。也正是战乱年月的漂泊生活，使萧红发现了中国国民性的另一侧面，即逃避性。震惊世界的九一八事变，日寇一夜之间占领沈阳城，不久又占领全东北，而几十万东北军"有礼貌"地节节退往关内，使得东北轻而易举变成了日本侵略者的"满洲国"。中国可悲的"逃退性"啊，被不甘当亡国奴的天才东北女作家捕捉出来，给以深刻的讽刺和批判，这是另一种抗战。

二

让我一想起来便欲脱帽致敬的是，病魔已把萧红折磨得离死只有两个多月时，她写下了类似遗书的《给流亡异地的东北同胞书》。

沦亡在异地的东北同胞们：

当每个中秋的月亮快圆的时候，我们的心思被悲哀充满。想起高粱油绿的叶子，想起白发的母亲或幼年的亲眷。

…………

我们就要回老家了！

家乡多么好呀，土地是宽阔的，粮食是充足的，有顶黄的金子，顶亮的煤，鸽子在门楼上飞，鸡在柳树下啼着，马群越着原野而来，大豆像潮水似的在铁道上翻涌。

人类对家园是何等的怀恋呀！

…………

但是等待了十年的东北同胞，十年如一日，我们的心越来越亮，而且路子显得越来越清楚。我们知道我们的路，我们知道我们的作战位置——我们的位置，就是站在别人的前边的那个位置。我们应该是第一个打开门而最后走进去的人。

…………

我们应该献身给祖国做前卫工作，就如我们应该把失地收复一样，这是我们的命运。

东北流亡同胞们，为了失去的土地上的大豆、高粱，努力吧！为了失去土地上的年老母亲，努力吧！为了失去的土地上痛心的一切的记忆，努力吧！

…………

病苦中，萧红又给去了西北前线当抗日战士的亲弟弟张秀珂写了一封《九一八致弟弟书》：

可弟：

小战士，你也做战士了，这是我想不到的。

世事恍恍惚惚就过了；记得这十年中只有那么一个短促的时间是与你相处的，那时间短到如何程度，现在想起来就像连你的面孔还没来得及记住，而你就去了。

记得当我们都是小孩子的时候，当我离开家的时候，那一天的早晨你还在大门外和一群孩子玩着……

而事隔六七年，你也就长大了，有时写信给我，因为我的漂泊不定，信有时收到，有时收不到。但在收到信我读了之后，竟看不见你，不是因为那信不是你写的，而是在那信里边你所说的话，都不像你说的……因为我总有一个印象，你晓得什么，你小孩子，所以我回你的信的时候，总是愿意说一些空话……关于你的回信，说祖父的坟头上长了一棵小树。在这样的话里，我才体味到这信是弟弟写给我的。

但我没有读到过你的几封这样的信，我又走了。越走越离得你远了，从前是离着你千百里远，那以后就是几千里了。

…………

在这种情形之下，从家里跑来的人，还是一天天地增加，这自然说的都是以往。现在我们已经抗战四年了。在世界上还有谁不知我们中国的英勇，自然而今你们都是战士了。

…………

不多时就七七事变，很快你就决定了，到西北去，做抗日军去。

你走的那天晚上，满天都是星斗，就像幼年我们在黄瓜架下捉着虫子的那样的夜，那样黑的夜，那样飞着萤虫的夜。

你走了……我送你到台阶上，到了院里，你就走了。那时我心里不知道想什么，不知道愿意让你走，还是不愿意。只觉得恍恍惚惚的，把过去许多年的生活都翻了一个新，事事都显得真切，又都显得特别模糊，真所谓有如梦寐了。

恰巧在抗战不久，我也到山西去，有人告诉我你在洪洞的前线，离着我很近，我转给你一封信，我想没有两天就可以看到你了。那时我心里可开心极了，因为我看到不少和你那样年轻的孩子，他们快乐而活泼，他们跑着跑着，工作的时候嘴里唱着歌。这样一群快乐的小战士，胜利一定属于你们的，你们也拿枪，你们也担水，中国有你们，中国是不会亡的。

因此我的心里充满了微笑。虽然我给你的信，你没有收到，我也没能看见你，但我不知为什么竟很放心，就像见到了你一样。因为你也是他们之中的一个，于是我就把你忘了。

…………

今天又快到"九一八"了，写了以上这些，以道胸中的忧闷。

愿你在远方快乐和健康。

这是萧红临终前躺在南中国海边的病榻上，写给在北方前线的弟弟却无法寄出的信，也是留给人间最后的文字。一个不当封建家奴，也不当亡国奴的黑土地的女儿，在抗争与奋斗的艰苦漂泊中，走到了生命的终点。她心头永难愈合的"九一八"伤口和个人情感的剧烈伤痛，都没能将她的灵魂击垮，她最念念不忘的仍是收复家园，收复失地，激励人们为争取抗战胜利而奋斗。一个如她同样心情的战斗群体，也在东南西北用脚和笔以至刀枪，在跋涉着，战斗着，他们后来共同被中国现代文学史命名为"东北流亡作家"。这个群体的优秀一员——萧红，临终时躺在活动病床上，对守在身边的东北流亡作家的另两个成员骆宾基和端木蕻良说：

> 人类的精神只有两种，一种是向上发展的，追求他的最高峰；一种是向下的，卑劣和自私……作家在世界上追求什么呢？若是没有大的善良，大的慷慨，譬如说……若是你在街上碰见一个孤苦无告的讨饭的，袋里若是还有多余的铜板，你掷给他两个，不要想，给他又有什么用呢？他向你伸手了，就给他。你不要管有用没有用，你管他有用没有用做什么？凡事对自己并不受多大损失，对人若有些好处的就该去做。我们生活着不是做这个世界的获得者，我们要给予。
> …………
> 我本来还想写些东西，可是我知道我就要离开你们了，留着那半部红楼给别人写去了……人谁有不死的呢？总有那么一天……生活得这样，身体又这样虚，死，算什么呢？我很坦然的。
> …………

1942年1月19日午夜12时，萧红被喉管手术后的疼痛折磨得睡不着，也说不了话，她用手势向守在身边极其困倦的骆宾基要过笔和纸，又艰难写下一句话：

> 我将与碧水蓝天永处，留得那半部红楼给别人写了。
> 半生尽遭白眼冷遇……身先死，不甘，不甘。

这就是萧红的临终遗言了，写于第二天就被换上"大日本陆军战地医院"牌子的香港玛丽医院。她遗言中说的半部红楼，是指她没有写完的《呼兰河传》。她去世后经茅盾先生作序推荐出版的这半部杰作，和她刚从东北逃到山东青岛写成，经鲁迅先生作序力挺而出版的《生死场》，一同成为她的代表作，也成为东北流亡作家的代表作。

萧红在写下以上遗言的第二天，被日军撵往红十字会设立的圣士提反临时医院后便停止了呼吸。如果没有日寇的侵略，她肯定不会仅仅三十一岁便丢下她最恋恋不舍的笔。其时她"仰脸躺着，脸色惨白，合着眼睛，头发散乱地披在枕后，但牙齿还有光泽，嘴唇还红；后来逐渐转黄，脸色逐渐灰暗，喉管开刀处有泡沫涌出……"这个离家出走十余年，在兵荒马乱的动荡年月，随时代潮流漂泊了十余年的东北大地的女儿，怀着对故乡无限的眷念，只身葬在了香港。浅水湾畔，她的灵魂日夜想念着逃离出来就再没能回去看上一眼的故居！

三

萧红的故居，便是现在她的纪念馆了，就在我一次次回故乡那条路的左边，一下车就可迈进她故居的院门，她那永远三十一岁的塑像就站在门口迎望每个来访者。在我第一次看见她年轻的塑像时便分明感觉到，我们已是神交已久的乡亲。往她那永远年轻的塑像前一站，我一遍遍读过的她那些描写故乡的不朽之作便在心中一页页翻卷开来，于是，已被寒来暑往的时光一年年催老容颜的我，忽然变得同她一般不老了。她是我的前辈呀！她只活了三十一岁！她永远三十一岁了！在我看来，她的目光里像有专对我这老乡特别关注的一缕。她那一缕关注，我觉得是在向我发问，你都写了些什么？你又是怎么写的?!

越是这般躲不开她，我就越发觉得，东北是有作家的，不仅有萧红，还有一批东北流亡作家呢！他们应该后继有人！

不谈萧红的文学史地位了，那是评论家的事，单说她作品所呈现的女性越轨的笔致对后人的影响吧！限于篇幅，我只谈谈对我自己的影响吧，以向她致敬。

我的心湖曾一次次被她悲天悯人、凄美而冷峻、有讽刺、有幽默、往往力透纸背的独特文字搅起波澜。因而我也曾无数次向自己发问，萧红怎么会有鲁迅、茅盾等大文豪赞赏有加的越轨笔致的呢？

　　读过写她的多部传记和她写的许多作品之后，我懂了，是她的叛逆性格造就了她越轨的笔致。鲁迅先生在为她的《生死场》写的序言中说："叙事和写景，胜于人物的描写，然而北方人民的对于生的坚强，对于死的挣扎，却往往已经力透纸背；女性作者的细致的观察和越轨的笔致，又增加了不少明丽和新鲜。精神是健全的，就是深恶文艺和功利有关的人，如果看起来，他不幸得很，他也难免不能毫无所得……"

　　茅盾先生在为她的《呼兰河传》所写的序言中说："也许又有人觉得《呼兰河传》好像是自传，却又不完全像自传。但是我却觉得正因其不像自传，所以更好，更有意义。而且我们不也可以说，要点不在《呼兰河传》不像是一部严格意义上的小说，而在于它这'不像'之外，还有别的东西——一些比'像'一部小说更为'诱人'些的东西：它是一篇叙事诗，一幅多彩的风土画，一串凄婉的歌谣。有讽刺，也有幽默。开始读时有轻松之感，然而愈读下去心头就会一点一点沉重起来。可是，仍然有美，即使这美有点病态，也仍然不能不使你'炫惑'。也许你要说《呼兰河传》没有一个人物是积极性的，都是些甘做传统思想的奴隶而又自怨自艾的可怜虫，而作者对于他们的态度也不是单纯的。她不留情地鞭笞他们，可是她又同情他们：她给我们看，这些屈服于传统的人多么愚蠢而顽固——有的甚至于残忍，然而他们的本质是良善的，他们不欺诈，不虚伪，他们也不好吃懒做，他们极容易满足……他们都像最低级的动物似的，只要极少的水分，土壤，阳光——甚至没有阳光，就能够生存了，磨倌冯歪嘴子是他们中间生命力最强的一个——强得使人不禁想赞美他。"

　　她越轨笔致下流淌出的独特文字，写的都是她自己经历过的生活，写的都是她最熟悉的环境和人，比如春、夏、秋、冬里的风、花、雪、月、太阳、树木、庄稼、菜园、牛、羊、鸡、狗、蝴蝶、蜜蜂，都成了见证她思想情感的"人物"了。而那些给她家当长工的底层劳苦人物，都成了她关怀的对象。不管漂泊到哪里，她的笔都蘸着心血动情地写着那些人物和环境。她的作品常常让我既自愧又自豪。这是我们东北黑土大地养育的天才女作家。作为一个同一块土地生养的写作者，我没有理由不向她越轨笔致生成的温婉的讽刺和冷峻的幽默文字致敬，并努力从中汲取营养。

我努力了，但没大出息。我认真向她学习忠于时代的精神，不违心地写自己最熟悉的人物和环境，如我的父母和亲朋、我的同志和战友，以及我的同情心和爱心所及的所有人，连同他们的生活环境。同时也学习她小说的散文化倾向和写散文时也使用的小说笔法，以及她所有作品的自传性意义。

记得当年我和邓刚在中国作家协会文学讲习所学习期间，看到上海的山东籍老作家峻青先生（写《黎明的河边》那位）访问东北后，在《作家生活报》上撰文，深情地谈到抗战时期的东北流亡作家，也谈到改革开放新时期出现的"新东北作家群"，其中也提到了正在文讲所进修的邓刚和我。仅一句提及的话便令我激动不已，说明我对东北流亡作家前辈的尊敬程度，因此也强化了向他们学习的自觉性。鲁迅先生称赞萧红"叙事和写景，往往胜于人物的描写"，茅盾先生指出她的小说有散文化特点，我自己的小说写作也有这样的情形，原来自己都当缺点看待，后来也索性当特点发挥吧，便在"叙事和写景"及结构散文化方面，不仅不改，而且有意为之了。这种学习，几乎在我的长、中、短篇小说，甚至散文里都有，即写小说时也发挥散文的长处，写散文时也吸收小说的笔法。我的长篇小说处女作《绿色青春期》，结构方面的散文化颇受萧红影响。比如全书结构以一年十二个月为经，每月一章，共十二章；以我一个红卫兵入伍的新兵的军营生活感受为纬，生活流式地描写军营文化在"文革"期间的新状态。第十一章这个月，却总共只有三句话，三十九个字。这一方面是结构的需要，更是受了《生死场》结构的影响。《生死场》一共十七章，而第十一章《年盘转动了》，只有三行六十五个字："雪天里，村人们永没见过的旗子飘扬起，升上天空！全村寂静下去，只有日本旗子在山岗临时军营门前，振荡地响着。村人们在想，这是什么年月？中华国改了国号吗？"而《绿色青春期》第十一章的三十九个字，比《年盘转动了》还少二十六个字。还有，《绿色青春期》一开头对寒冷的描写："那个早晨我几乎无法形容有多么寒冷……离县城十来里远的松花江冻有三尺多厚的坚冰，同时上去几十挂马车十几辆汽车保证压不塌。可寒冷那鬼东西却像有把神刀似的，毫不费力就把钢铁样的冰层割开几里长几里长的大口子。江冰开裂时传出巨人受了刀割而宁死不屈般的沉重呻吟声，我们在城里都听得见。从大江上分出来的小河只剩浅浅一点水在冰下流，小河上分出的细汉子干脆就冻实心了，冻死的小鱼嵌在透明的冰里看去活生生的，准是正游着突然就冻住了的。最厚实最能忍耐的大地也冻裂了，甚至有些人家的单层窗玻璃也会冷不丁嘎巴一声冻裂了瓓。好出风头的风冻住不刮了，老是呼啦啦响的红旗冻住不飘了，不管是家家的白色炊烟还是工厂的黑烟都像快要冻僵了，像一条又一条奄奄一息的黑龙白龙无力地向天上爬。麻雀那最没出息只会在热闹时凑热闹的小贼东西怕冻破了胆似的躲在屋檐下的窝里不敢出来，屋檐下一挂又一挂的大冰溜子被冻急了眼，谁的手一碰到它立刻就会被咬住……"其中不仅对寒冷拟人化的描写是向《生死场》和《呼兰河传》学习的结果，借景物描写烘托时代气氛，及描写天气时使用的冷峻的幽默与讽刺，都有萧红笔致的影迹。我在另一部长篇《不悔录》中，也借鉴了《呼兰河传》顺时的结构框架和自传体小说的叙述语气。如第九章第七十九节《买了个鱼缸》，也短短五行字："我忽然羡慕起鱼来，于是买了个鱼缸，并且放在办公室阳光可以照到的阳台上。我想养两条鱼。每天能看看鱼在水里游，多好啊。但鱼缸放了两天我又拿走了。我想，人家鱼活得好好的，干吗买奴隶似的圈进小小鱼缸里，让它只能看见光明，而连一米前途也没有啊!"其他几个直接用人物命名的章节,也借鉴自《呼兰河传》。

　　萧红的叙事与写景拟人化手法,对我影响太深了,几乎每篇小说都有。比如:"一登上山岗,豪迈的大野秋风便迎上来,用长长的手指梳擦他汗湿的头发,掀弄他湿透的军衣,抚摸他发烫的脸颊和胸膛,他身上的背包被风用另一只手托起,后来整个身体都像被风用双臂热情地抱起来了。这么亲切,是老排长派来的吧?冼文弓飘飘欲仙了。"(《啊,索伦河谷的枪声》)"他背朝着太阳,划动了桨。小船在树林里穿行,装满了斑驳的霞光。静静的黑水像燃着了,船好似在火上面走。天上就一个太阳。每当太阳这样辉煌动人地升起的时候,江两岸的人肯定都会认为太阳是自己的。他乔连长就认为太阳是他的,和他最熟,对他最温暖。此时不用回头看,他就知道,太阳正在岛子东端的桦树林上面注视着他,正是最红最好看的时候,肯定给自己的草绿军衣也照红了。他在心里和太阳说话……背上暖洋洋的,像是太阳在回答他,因而心里有些痒,觉得隐隐地蕴满了激情。树叶上、草尖上挂满的一串串露珠儿,大概也认为太阳是他们的,都因太阳的热情而激动得五光十色,既像在燃烧,又散发着带有草香的湿漉漉的水味。鸟儿们也像含了水在朝太阳唱,声音里带着水灵的甜润。乔连长眼里像同时进了水和火,眼光既热烈又湿润。他用这眼光看看船头同自己对面坐着的儿子,心里忽然像烤煳的毛豆,有点不是滋味……默默东流的大江里涌起一朵浪花,那浪花从一个黑色的旋涡里蹿起来,像是大鱼跳水搅动的。"(《一江黑水向东流》)"风又偷偷摸摸活跃起来,像是被轰轰烈烈的炮声撩拨的。打炮的人们陷在命中率不错的亢奋中,一时竟没发觉风这流氓已教唆炮火向犯罪的道路走去。风是在远离炮阵地和观察所的弹着区开始干坏事的,所以没法被及时抓住。放!二连最后一门炮怒吼起来了。咔啦啦——轰——一缕炮火贼溜溜窜入山脚一丛荒草。荒草舍身助火将自己枯老的身躯也化作火焰。而等了好久的一股贼风就在枯草化作火焰时突然扑上去给以鼓励,那火立即变成一只黑乎乎的大蟒乘风爬上山坡。等这大蟒被发现时,指挥员想修改射击口令已来不及，一连数弹又射出去了。那蟒瞬间又生出一群小蟒，小蟒很快长成大蟒，蟒们你追我赶争先恐后流窜出来，像一群刚刚越狱死不改悔的纵火犯，一路烧将开去。火从一个机窝边上烧起，顺山北坡斜着向东烧去，已烧出上百米宽一长溜黑地，像黑龙江、乌苏里江或者就像索伦河黑幽幽斜着向北山坡上流去了……营部十多个人都折了树枝奋力抽打，想让火身一点点变瘦变短最后死灭。可是火呼地爬到高处了，风放肆地将火蟒往上推着，拉着，一会儿就翻上了山头。孙武营长心被捏了一下似的一缩，坏了，一翻过山头钻进北坡就坏了。北坡全是茂密的树林子啊！"（《因为无雪》）"只觉得，火车像大力士射出的响箭，在灰茫茫的雪野上飞。离火车很遥远的太阳，酒后睡了似的，脸通红，却没有光芒。我久久盯着那太阳，一直想着夏日这个人……我随身带的一包文字材料又像一棵大树，逗引我那只想象的鸟儿飞进去，不停地跳跃。我从材料袋里抽出《当代红嫂》这份材料，不住地想，这个不幸的红嫂，在人们眼里，为什么和材料里写的那么不一样呢?"（《三角形太阳》）

类似描写，在我作品里比比皆是，但我自己明白，这些多可在萧红的作品里找到影迹。

萧红这个生于东北大平原地主家庭的叛逆女性，在一次次艰苦的叛逃路上，由抗日的流亡青年，成为鲁迅的弟子，最终成为"以笔抗战"的永生的作家。

她临终时那句话："我将与碧水蓝天永处，留得那半部红楼给别人写了！"我们东北作家，不该忘记萧红这句遗言！

白朗：俯首苍茫桑梓地　笔走风云半世惊

韩春燕

在箭矢一样的时间里，人的一生无疑是极其短暂的，一茬一茬的人在大地上完成着轮回，他们在时光中被随意地播种，同时在时光中被野蛮地收割。

有多少风华和梦想烟消云散，有多少历史和故事从此失传。但在层层叠叠的岁月遗骸里，总有些生命以其自身的光彩照亮了历史和厚厚的尘埃，让后来者不得不记住他们。

东北流亡作家就是如此。

当故土沦陷、家园被毁，当侵略者的铁蹄践踏着白山黑水，关东的热血儿女或拿起武器奋起抗争，或奋笔疾书，以文字的子弹参与抗战。东北流亡作家，那些不愿做亡国奴的年轻人，在流亡路上，他们以最真挚的情感，将日寇铁蹄下人民的苦难，东北民众的不屈和反抗，将自己对侵略者的仇恨，对故土的眷恋，一一诉诸笔端，用血和泪发出了中国现代文学史上抗日文学的先声。

历史总是男人的，有多少优秀的女子被埋没在历史深处，但也总有一些优异的女人无法不被历史记住，她们摇曳于雄性的历史之中，格外引人注目。白朗和萧红是东北流亡作家中两个成绩斐然的女作家，两朵关东姐妹花盛开在中国现代文学史上，一朵洁白，一朵嫣红。

无疑，相较于萧红，白朗是完全不同的另外一种女性。

一

虽为女儿身，也曾娇花照水，怎奈男子心，一生不让须眉。柔弱的白朗偏偏血管里燃烧着的是烈性的火焰。

事物是可以反推的，我们从白朗已经完成的一生，不难推出她骨子里虽有女性的浪漫多思，但更多的是刚强倔强和热烈的理想主义情怀。

年轻的白朗以她的文学才情和战士姿态行走在一个动荡的年代，承受一次次打击，一场场煎熬，在风雨中穿行，内心需要多么强大的力量！

一个女性的完美绽放有时看起来颇似命运的格外青睐。

如果说嫁人是女人的一次重新投胎多少有些夸张，然而婚姻对女人一生的重要意义却无论如何不可否认。革命女作家白朗的诞生无疑是多种因素的合力作用，但婚姻对她的改变和塑造是其中重要的因素。白朗的名字不能不和她的丈夫罗烽联结在一起，也正是罗烽这个革命者和写作者使白朗走上了革命道路和文学道路，是与罗烽的婚姻，让白朗的人生从此与众不同。

八十多年前，当那个刘姓女孩儿初为人妇，她憧憬的也不外乎夫唱妇随，一家人其乐融融，然而，她毕竟做了革命者的妻子，当身为革命者的丈夫在她面前打开一个崭新的世界，她作为一个优秀女性的潜质才真正苏醒。

白朗回忆说："从此，我的智慧开了，我开始踏上了真正人生的道路，追求着真理，追求着光明，追求着我所不懂的一切……"

于是，她从一个革命者的妻子转变成了一个坚定的革命者。

白朗是倔强的，也是好强的。她的革命生涯从充当罗烽的助手开始，她自称"军中小卒"，我们不妨想象一下八十年前的那个小女子，她从小家庭里走出来，满怀激情地汇入滚滚的爱国抗日洪流中去，她加入"反日同盟"，她帮助罗烽保存文件资料，刻写蜡版，印刷刊物，她变卖结婚首饰，为抗日宣传提供经费，她甚至将她和罗烽的家作为抗日的一个中心，一个据点，一个编印小报的印刷机关……

然而，白朗毕竟是一个非凡的女子，当她的羽翼丰满，她需要有自己的天空。于是，在党的指示下，她先是考取进步报纸《国际协报》做记者，然后主编每天半版的该报副刊《国际公园》和《儿童》《妇女》《体育》等周刊。同年，又主编新创刊的大型周刊《文艺》，并把《文艺》办成与长春《大同报》创刊的《夜哨》齐名的抗日文艺阵地。

白朗可谓女版拼命三郎。

普通的女性是属于家庭的，优秀的女性是属于社会的。白朗的人生从此与国家和民族的命运紧密相连。她写作、办刊、参加社会活动，都紧紧围绕抗日救亡的民族大业，而她无论做人还是作文都体现出一种壮怀激烈的磅礴大气，而鲜有吟风弄月的小情小调。

白朗不是一个小女人，她也很少纠缠于儿女情长，虽然她并不缺乏女性尤其是文学女性的敏感和细腻、浪漫和小心思，但她让自己的全部情感服从整个事业的需要，服从理想和信仰的需要。

除了社会角色，白朗毕竟还是一个妻子，一个母亲，是婆婆的儿媳妇和母亲的女儿，她要照顾老小，要承担家务，在社会和家庭中她都要有极大的付出，所以说一个女人的坚忍是男人所想象不到的。

白朗的坚忍和刚强更是超乎想象。

当年丈夫罗烽因叛徒出卖而被捕，自己又受到敌人的严密监视，在一片白色恐怖中，年轻的白朗忍受着情感上、精神上的痛苦，要照顾家庭，要营救丈夫，同时依然在自己的岗位上坚持编完了四十八期《文艺》周刊，她的体魄并不强壮，甚至可以说非常柔弱，但她即使累得昏厥，累得流产，却依然勇敢地承担起自己的责任。正如有的文章中所说："年轻的白朗，沉着，冷静，以顽强的毅力，像中流砥柱一样，承受了巨大的苦难和考验。"而白朗自己回忆说："那时，我完全忘记了自己的存在，也忽略了一切痛苦……我准备用头颅去迎接野兽的爪牙。当一个人把生命决心归依于患难和死亡的时候，还有什么足以使他畏惧呢？"

白朗的勇敢和刚强还表现在1939年夏天，她经过痛苦的挣扎，把婆婆和幼子丢在不断被敌机轰炸的重庆，与丈夫罗烽一起参加由十四位作家组成的中华全国文艺界抗敌协会"作家战地访问团"，她和男同志一起攀华山铁索，登千尺幢，越百尺峡，跨军马驰骋在中条山和太行山上，慰劳抗日将士。她的《战地日记》，将一个母亲对孩子的揪心惦记，一个热血女作家对祖国河山的热爱，以及对抗日将士的深情展露无遗。正如她自己所说："我爱我的孩子，同时，我更爱那伟大的工作。"白朗，一个拥有大情怀的女子，她所向往的必定是轰轰烈烈的生活。

有的人，血管里流淌着的是激情的血，他的人生注定不会平凡。

二

"我的家在东北松花江上，那里有森林煤矿，还有那满山遍野的大豆高粱。我的家在东北松花江上，那里有我的同胞，还有那衰老的爹娘……"

离开故土更念故乡，"九一八"后那些因为故土沦陷，不得不流亡到关内的东北民众，他们的乡愁如此浓重，已经无愁可比。

白朗将这浓浓的乡愁化在自己的文字里，我们在她的作品中仿佛能够看到松花江畔的白帆朗月、黑土地上的绿草红花，能够感受到弥漫在字里行间的温暖的人间烟火，以及朔风白雪中旋转着升腾着的浊重的关东气息。正如罗烽的诗句所写："寒风冻云雪打楼，寒江一夜筑冰洲。每忆壮岁凛冽地，冷在肌肤暖心头。"故土虽然凛冽，却是让游子心暖的地方。

然而，这些关东子弟不是才子出游，更不是离土赴任，他们是破国失家的流亡者，他们有乡愁，更有仇恨，而他们的乡愁和仇恨在作品中就演绎出一个个或感天动地或荡气回肠的文学形象来。

白朗的笔是细腻的，她对人性的觉察，对人情的体察，对人生的观察都细致入微。她抗日题材的中篇小说《老夫妻》是一篇难得的佳作。小说中的关东财主张老财，本是一个内心冷漠的吝啬鬼，然而人是环境的产物，或者说，人是境遇的产物，当张老财经历一系列磨难和打击之后，在亲身感受了敌人的残暴和抗敌壮士的英勇后，他人性中善良和正直的成分令人信服地一点点苏醒，到小说结尾张老财已经成为抗敌勇士了。对张老财的塑造显示了作者非凡的艺术功力，窃以为，白朗的文学能力和文学才情要远远高于我们现在对她的评价，《老夫妻》一文几乎可以和萧红的《生死场》相媲美。

白朗的《伊瓦鲁河畔》《轮下》等小说则对东北沦陷区百姓悲惨的亡国奴生活给予了细致的刻画，对东北人民不屈的反抗进行了热情的描写。她在《生与死》中写了"老伯母"的觉醒和义举，在《一个奇怪的吻》中写了两个抗日情侣令人感动的爱与牺牲，在《开除》中揭露了兵役制度的黑幕……值得一提的是，《开除》这篇小说与沙汀的《在其香居茶馆里》有很大相似之处，都写的是抗战抽丁和抽丁的黑幕，然而白朗的这篇《开除》却是别具韵味，她像抖包袱一样，将短短的一篇小说抖得跌宕起伏，尤其是结尾处出人意料也引人深思，充满喜剧效果。

白朗写出了国难当头之际，最普通的中国人所昭示的中华民族的伟大民族意识和爱国主义精神。

白朗燃烧自己的青春和才情，化身长夜萤火，为那个黑暗的时代送去一点光亮，而当黑暗散去、黎明到来之际，她又化身时代歌者，记录历史怎样一点点生出新鲜的血肉。

她在《顾虑》中写土改时期"中央胡子"给农村工作和农民生活造成的问题和顾虑，在《复仇》中写贫雇农对"中央胡子"的清算，在《孙宾和群力屯》中写农村带头人的成长和土地改革，在《金不换》中写改造懒汉的故事……懒汉牛四被白朗写活了，懒汉的变化完全合乎人性的逻辑和生活的逻辑，读来觉得真实可信。

《为了幸福的明天》则是白朗最为著名的一部中篇小说。该作品是当代文学史上较早地描写工人生活、塑造英雄人物的成功尝试。白朗在新的历史条件下，率先将笔探向东北地区的工厂，探向工人阶级中新的英雄人物，表现了中华人民共和国成立初期东北社会生活的新风貌、新风气以及人与人之间的新型关系。小说塑造的中华人民共和国成立初期工人女英雄邵玉梅的形象非常成功。邵玉梅出身苦，在旧社会过的是非人的生活，她不知亲生父母是谁，在养父母家里长大，从小受尽虐待，作者让苦难的生活成就邵玉梅朴实善良和吃苦耐劳的可贵品格。中华人民共和国成立后，邵玉梅的人生发生了天翻地覆的变化，她走向社会进入军工厂成为工人阶级中的一员，过上了真正有尊严有价值的人的生活。按照正常的生活逻辑，这样的人会无比珍惜新生活，无比热爱党和新的政权，无比热爱自己的工厂，才会一心扑在工作上，所以邵玉梅为了爱护工厂，几次光荣负伤，以至残疾，是真实可信的，也是符合那个时代气氛和需要的。

白朗的小说无论是内容层面还是语言层面都弥漫着浓郁的关东风情，她把自己对故乡大地的热爱，把自己生命中最为宝贵的家园记忆，都融入创作之中，让她的小说犹如一棵东北黑土地上的庄稼，扎根沃土，质朴而茁壮。

白朗是被生活淬炼出来的，她从不浮在空中写作，在她的小说里容纳着或苦难或沸腾的时代，具有真正的生活气息。

她同萧红一样，是关东白山黑水的女儿，作为东北女作家和女性文学的拓荒者，她们应该被故土铭记。

三

白朗是幸运的，她有幸经历了风云突变的时代，成就了自己辉煌丰厚的传奇人生。

这是一个经见过大风大浪的女子。

她二十岁出头就被时代洪流所裹挟参加爱国抗日斗争，以一弱质之躯，一边主编抗日刊物，一边四处奔走营救被捕的丈夫，以至于累得昏厥并且流产。丈夫被保获释后，她又和丈夫匆匆逃离腥风血雨的哈尔滨，开始不知归期的漫漫流亡生涯。

在上海，她怀着身孕蜷缩于亭子间写作；在武汉，她继续用自己的笔参加抗战，并积极参加中华全国文艺界抗敌协会的活动，参与抗战刊物的组稿和编辑发行；在重庆，她狠心丢下年迈的婆婆和幼小的孩子，参加"作家战地访问团"，跋山涉水奔赴抗战前线；皖南事变后，她又穿越重重封锁线来到延安，编刊，写作，进党校，参加文艺座谈会和整风运动，加入中国共产党……

也许离开故土太久了，当抗战即将胜利，她恨不得肋生双翅飞回魂牵梦萦的家。她和罗烽等干部大队的一百四十多个同志长途跋涉，穿越敌人一道道关卡，从秋天走到隆冬，历经三个多月才抵达大雪纷飞的东北。

流亡的孩子终于回来了！然而迎接她的不仅有满目疮痍的故土，还有更激烈的战争和更艰苦的工作。刚到东北，白朗负责过军区《前进报》副刊和前进文工团的建团工作，并参加了东北的解放战争，接着她来到她的第二故乡哈尔滨，被选为哈尔滨临时参议会参议员，担任《东北日报》副刊部部长、《东北文艺》月刊副主编、东北文艺家协会出版部副部长、东北作家协会轮值主席。在艰苦的条件下，她开拓着解放区的文艺工作，并深入农村参加土改斗争，以自己越发成熟的文字记录下那个动荡的时代和充满希望的革命事业，为革命事业的推进和文学事业的繁荣发展做出了卓越的贡献。

打回东北老家，在老家实现革命的目标和理想，白朗和罗烽夫妻俩开始了一生的黄金时代。

然而，历史给白朗提供的舞台远比我们想象中的还要大。当白朗参加全国第一次文代会归来，准备扎扎实实写文章的时候，朝鲜战争爆发了，她又投身抗美援朝，在往返于中国和朝鲜的卫生列车上接送伤员，这种特殊的生活经历和体验给白朗带来了新的创作激情和素材。不仅如此，历史还需要白朗在国际舞台扮演更重要的角色。1951年，白朗以国际妇联调查成员的身份赴朝鲜战场，参加了调查美国和李承晚暴行的活动，参加起草《告世界人民书》，揭发、控诉反动派的滔天罪行；1952年年初随巴金等人到朝鲜战地访问；同年9月，奉周恩来总理委派，陪同英国朋友、作家、工党议员费尔顿夫人再次赴朝鲜访问；1953年7月她身着志愿军军装参加以罗烽为组长的访问组奔赴朝鲜开城，同时参加了在板门店举行的朝鲜停战协定签字仪式。

在参加板门店签字仪式的前一天，她刚刚出席完哥本哈根世界和平大会和赫尔辛基的芬兰妇女大会归国。此前，她还奉命代表蔡畅、邓颖超两位领导到索非亚参加国际妇联执委会并出席了维也纳世界和平大会。

白朗在20世纪50年代是国际风云人物，她还访问过苏联、丹麦、奥地利、缅甸等国，出席过在印度新德里召开的亚洲作家会议。她以自己的卓识、胆量和才能，为促进国际文化交流和维护世界和平做出了卓越的成绩。

中华人民共和国成立初期的白朗意气风发，作为第一届全国人民代表大会代表、全国妇联委员、全国文联委员、著名女作家、社会活动家、和平战士，白朗的人生涂满金色。

然而，优秀的生命必须经历一次次的淬火，与那些成绩和荣誉相伴的常常是命运无情的打击。白朗经历了太多苦难，承受了太多创伤，以至于这一切最后超出了她的承受能力，让她的精神堕入黑暗的深渊。

是怎样大起大伏的人生能够毁掉一个坚强生命的弹性？

在白朗金色的人生背后，她作为一个母亲，曾经有三个孩子夭折，我们可以在她的小说《四年间》中读出那份绵延不绝的内心惨痛。如果说失去孩子的不幸她还能够承受，那么将事业和信仰当作生命的白朗，面对组织怀疑她的忠诚和坦白时，便承受不住这份打击了。

在延安"抢救运动"中，她同罗烽都被疑为日本特务，经受过多次审查，日夜的折磨让性格刚烈的她因此精神分裂，虽然这一切到后来得以平复，但一道暗伤仍然隐藏在她生命深处。

1958年她和丈夫罗烽再次蒙冤，被错划为右派分子并且被赶出北京，在辽宁阜新煤矿繁重的劳动改造中，她被政治压迫着，被疾病摧残着，精神上的屈辱和肉体上的痛苦让她那道年深日久的暗伤再次被悄悄撕裂，而"文革"十年的摧残，终于让白朗的精神再一次陷入崩溃的境地。

再漫长的严冬也有结束的时候，坚强的白朗并没有被苦难打倒，她顽强地等来了春天。

当白朗走出黑暗，和罗烽重新回到北京时，二十多年已经过去了。应该说白朗生命的最后时段还是明媚和幸福的，即使她需要坐着轮椅参加第四次文代会，即使她再很少拿起笔来写作，但党和政府毕竟承认了她，还了她一身清白，毕竟她还能拖着赢弱的身体校阅文稿，为辽宁、东北乃至中国文学史留下珍贵的六卷本《白朗文集》。

无情的时间里总会有一些东西留下来，当荣耀和磨难都已烟消云散，毕竟还有这些文字能为曾经的岁月和生命做证。

向前辈女作家白朗致敬！

文事沧桑　百年端木

张　英

　　在中国现当代文学史上，东北流亡作家是一支独特的创作队伍。在20世纪30年代，东北流亡作家高举抗日爱国的旗帜，在文学史上留下不可磨灭的印记。端木蕻良是东北流亡作家中非常特别的一位。在东北流亡作家中，端木蕻良一直处于萧军、萧红等作家的光芒之下，一直没有形成阅读和研究的热潮。新世纪以来，端木蕻良的文学创作及成就才逐渐被研究界发现。如著名专家王富仁2003年在《中国现代文学研究丛刊》上发表的《文事沧桑话端木——端木蕻良小说论》（上、下）提出应该重视端木蕻良小说的文学价值。此后，王富仁2013年在《文艺争鸣》第1期到第4期发表四篇端木蕻良的研究文章《三十年代左翼文学·东北作家群·端木蕻良》，论述了端木蕻良20世纪30年代创作的独特之处。的确，在六十多年的创作生涯里，端木蕻良共写了一千多万字的作品，为我们留下了丰富而宝贵的文学财富。但是，学术界对他的研究还远远不够。正如王富仁所指出的，端木蕻良应该是值得我们认真研究、发现其价值的作家。端木蕻良算不上伟大的作家，但却是独一无二的，耐人寻味的。

一

　　在端木蕻良的文学生涯里，文学视域非常宽阔，文学视野十分丰富。端木蕻良认为："决定一件艺术品的伟大性的，在于它的宽度、深度和强度。"①回望百年端木蕻良，他的文学创作亦是如此。端木蕻良在多种文学体裁的驾驭上充分显示出文学创作的宽度。端木蕻良为读者所认识，很大程度上是因为他的小说，特别是长篇小说《科尔沁旗草原》，学术界普遍认为他是小说创作能手。但是，我们纵观他一生的文学创作，不难发现，端木蕻良文学涉猎非常广泛。他在小说、诗歌、散文等文学体裁上都有非常强的驾驭能力。在每一种文学体裁的具体表现上，视域宽阔又富于变化。

　　端木蕻良不仅是长篇小说高手，也是短篇小说巨匠。在长篇小说方面，20世纪30年代，端木蕻良创作出《科尔沁旗草原》《大地的海》。这两部长篇小说通过宏大的叙事和细腻的描写，记载了端木蕻良父系家族和母系家族的历史故事。特别是1939年端木蕻良的《科尔沁旗草原》出版即成为他的代表作，得到批评界广泛赞誉。在《科尔沁旗草原》中，端木蕻良以真挚的情感再现了土地的历史，以创世的精神勾画了关东草原的世事沉浮，以宏大的气派和场面描写了草原首富丁家的荣辱兴衰，刻画了丁宁和大山这样的东方英雄形象。在端木蕻良的小说中，浓郁的乡土文化和东北地域文化展示得淋漓尽致。同时，端木蕻良还显示了形式和技巧上的用心。端木蕻良的《科尔沁旗草原》一直都被研究者津津乐道。之后，端木蕻良在20世纪40年代又创作了长篇小说《新都花絮》《大时代》《大江》等，迎来创作的黄金时期。与30年代的长篇小说相比，端木蕻良40年代的小说创作主题进一步深化，从直接反映抗战主题逐渐转向对人物内心世界的深刻挖掘，艺术表现方面更加成熟。新时期，晚年的端木蕻良没有停止长篇小说创作的步伐，呕心沥血，创作出长篇小说《曹雪芹》。这部小说在红学研究领域，在历史小说创作等方面都取得了重大收获，从《科尔沁旗草原》到《曹雪芹》，这也是端木蕻良研究的主要集中点。

　　① 端木蕻良. 端木蕻良文集（第5卷）[M]. 北京：北京出版社，2009：233。

在短篇小说方面，从现代到当代，端木蕻良都有佳作问世。30年代的《鹭鸶湖的忧郁》《爷爷为什么不吃高粱米粥》《遥远的风沙》《万岁钱》《浑河的急流》《憎恨》《被撞破的脸孔》《风陵渡》《螺蛳谷》等到40年代的《初吻》《早春》《海港》《红夜》等，端木蕻良的短篇小说匠心独具，富于变化。中华人民共和国成立以后，在短篇小说上，端木蕻良也有不俗的收获。端木蕻良又创作出《钟》《蜜》《蔡庄子》等，显示出端木蕻良独特的创作追求。多年来，在端木蕻良的研究上，学术界对端木蕻良的小说创作关注度相对较高，在乡土文化、地域文化、抗日文学、人物形象、艺术表现等方面都有过精彩的论述。

在诗歌这一体裁的创作上，端木蕻良表现出与萧军相似的关注和选择。而且创作的诗歌既有古体诗，又有现代诗。早在20世纪三四十年代，端木蕻良就尝试诗词创作，有怀人之作，如《哀鲁迅先生一年》《悼范筑先》《中秋忆母》；有即景之作，如《题桂林》《黄昏》。中华人民共和国成立以后，端木蕻良在诗词创作方面热情高涨，数量之多，质量之高，都有提升，充分显示了端木蕻良的古典文化素养。在诗歌表现的类型上，既有赠友人诗歌，如《玉楼春·赠许杰同志》《赠克家》等表现真挚的友情和朋友间的知心，《百字令·赠雪垠》等表达对身处逆境的友人寄予深切的希望，《闻克家病中有作》等表现对病中友人的鼓励。"文革"期间及进入新时期以后，有一些文坛大家或朋友或战友相继离去，面对风雨人生，端木蕻良很是感慨，创作了很多悼念友人的诗词。同时，他还创作了一些纪念诗词，这些作品抒发怀念之情，也融入作者对人生和生命的思考，充满浓浓的怀旧色彩，如《郭老逝世敬制小诗以志哀思》《醉江月·吊刘澍德同志》《诉衷情·怀念黄谷柳兄》《念奴娇·挽田汉》。端木蕻良的诗歌当中还有很多歌颂新时代的作品，如《桂枝香·还看今朝》《满江红·英雄时代咏》《桂枝香·国庆放歌》歌颂神州大地、中华儿女。还有描写风景的佳作，如《内蒙即景》。在他的笔下，既有内蒙古广阔的草原，也有北方大兴安岭的松涛。在景物描写中，端木蕻良展现了对历史的思考，有一种沧桑感。在端木蕻良的诗歌当中，不乏人生豪言壮志的抒发。"踏遍青山行遍水，豪言八十青春始。"（《渔家傲·曹靖华八十大寿》）"至今犹觉松风劲，一百零八气凛然。"（《景阳冈》）在表现老当益壮的情怀时，端木蕻良多次用"松"来表现，"劲自松来声有韵，园涉趣处趣常从"（《和夏征农同志八十抒怀》）。端木蕻良创作的诗词，特别是晚年的作品，豪情壮志不减当年，为国图强的精神与时俱进，虽然半生戎马，但仍然觉得"九十青春，七十年少"（《寿星明》）。遗憾的是，端木蕻良在诗歌创作方面的成就还没有得到学术界的广泛关注，研究者较少。

除了小说和诗歌创作，端木蕻良在散文、文论、戏剧等方面都有涉猎。端木蕻良还创作了大量散文，既有随感，也有游记。端木蕻良散文中饱含对生活的热爱、对历史的省思、对人生的领悟，充满历史的沉淀和人生哲理。端木蕻良不仅是一个气质型作家，还是一个思想型作家，在文学理论方面也有独到见解。他的《文学的宽度、深度和强度》《创作和生活》《"短"和"深"》《艺术·社会·生活》《散文散谈》《艺术创造的广阔天地》等文章在关于文学的创作、艺术和生活、创作方法等方面都有非常独到的阐述。在戏剧创作上，端木蕻良也勇于尝试。他创作出独幕话剧《斗争》《晴雯》《王熙凤》，京剧《红拂传》《周处》《戚继光斩子》，评剧《罗汉钱》《梁山伯与祝英台》，还有电影剧本《紫荆花开的时候》。这些都充分显示了端木蕻良文学创作的丰富视域。

端木蕻良的文学创作，从现代跨越到当代，从20世纪三四十年代到1949年以后的十七年和拨乱反正的新时期，端木蕻良都在不停地耕耘。特别是中华人民共和国成立以后，他在短篇小说、长篇小说、诗歌、戏剧、散文等题材领域涉猎和延伸，可以说端木蕻良是一个多面手。1949年以后，端木蕻良努力保持自己的创作个性，只是在宏大的文学潮流和意识形态的复杂规约之下，端木蕻良的文学才华和艺术成就被长久掩盖。端木蕻良的文学宽度与他的人生经历与素养有密切关系。东北流亡作家这一群体带有鲜明的流浪色彩。"九一八"以后，他们离开家乡，辗转各地。从地域上来看，端木蕻良的创作伴随他一生的辗转。天津、上海、青岛、重庆、香港、桂林、北京……所到之处，留下人生足迹，也留下创作轨迹。同时，端木蕻良从小就受到多种文化的熏陶，这种吸纳对端木蕻良文学宽度有着积极影响。端木蕻良的文学宽度还表现在社会生活的展示上。文学是社会生活的反映，在表现社会生活的领域上，端木蕻良试图表现社会生活的广阔层面，他十分欣赏托尔斯泰式和巴尔扎克式的宏阔，因为"叙述我们这个时代，宽度非尽量展开不可"①。端木蕻良不仅力图表现广阔的社会生活，通过笔下的各类人物的刻画，文字触及社会生活的角度非常广泛。端木蕻良笔下的人物众多，有农民、地主、妇女、知识分子……端木蕻良不局限于某一类型人物的创作，而是将人物置于广阔的社会生活中，这也增加了文学表现的宽度。

二

作为东北流亡作家，端木蕻良的创作中自然带有东北流亡作家创作的共性特征。端木蕻良的创作表现出鲜明的文化意识、浓厚的爱国意识、深切的忧患意识和漂泊流浪意识。

东北流亡作家的创作带有浓厚的地域文化色彩。这种地域性突出表现在对东北文化和风俗的描写中。在端木蕻良的笔下，萨满文化和草原文化在作品中得到鲜明的呈现。草原上的人们对大自然充满恐惧，对自身的命运充满未知。面对变幻莫测的世界，他们希望神的保佑，所以，他们相信鬼神和风水。宗教活动成为东北流亡作家笔下乡村的一个主要精神活动，而且十分盛大。端木蕻良的大舅就是萨满教

---

① 端木蕻良. 端木蕻良文集（第5卷）[M]. 北京：北京出版社，2009：233。

巫师，端木蕻良对跳大神感到神秘并有一种由衷的敬重感，在作品里自然也有生动描写，如在《科尔沁旗草原》里："三间破狼破虎的小马架里面，两道红烛高烧，四周围定了铁桶似的人，大神临风扫地般跳上跳下，震恐，不解，急切，紧张的情绪，通过了每个人的心灵。"[①]端木蕻良在创作《大地的海》时毫不掩饰对东北地域文化的热爱："跟着生的苦辛，我的生命，是降落在伟大的关东草原上。那万里的广漠，无比的荒凉，红胡子粗犷的大脸，哥萨克式的顽健的雇农，蒙古狗深夜惨阴的吠号，胡三仙姑的荒诞的传说……"[②]土地给了端木蕻良最深的记忆，端木蕻良曾直言自己是专门为了写出土地的历史而生的。是的，端木蕻良是草原之子，是草原上的诗人。风土、人情、性格、氛围都是他创作中始终追求的东西。他对草原是发自心底地热爱："这是多么空阔，多么辽远，多么敞快的怕人，多么平铺直叙，多么宽阔无边呵！比一床白素的被单还要朴素得令人难过的大片草原呵！夜的鬼魅从这草原飞过也要感到孤单难忍的。"[③]草原的辽阔与苍茫、苦难与荒凉、震撼与神秘在作家的笔下尽收眼底。正是辽阔的草原，苍茫的大地，以及这片土地上每个人的故事，形成了端木蕻良丰富的创作经验。

东北流亡作家是一批具有强烈爱国情感的作家。抗日是作品的一贯主题，也是东北流亡作家成名的标签。就像李辉英所说："我个人和其余的'东北流亡作家'们，全不缺少爱民族爱国家的热情，自不免在遭遇到'九一八'这个罕有的严重的变故亡省失家之后，喜欢多写些铁蹄下故乡水深火热的状况，向各处哀号求援了。"[④]随着1931年九一八事变爆发，中国人民开始了艰苦的抗日战争，面对家园的破坏，土地的沦丧，人民的苦难，民族的灾难，东北流亡作家的抗日热

① 端木蕻良. 端木蕻良文集（第1卷）[M]. 北京：北京出版社，1998：29。

② 端木蕻良. 端木蕻良文集（第2卷）[M]. 北京：北京出版社，1999：206。

③ 端木蕻良. 端木蕻良文集（第2卷）[M]. 北京：北京出版社，1999：1。

④ 马蹄疾. 李辉英研究资料 [G]. 沈阳：春风文艺出版社，1988：126。

情空前高涨。端木蕻良也是如此，他参加了抗日活动。他在南开中学和同学组织抗日团体，参加了大量抗日活动，也尝试进行文学创作。1932年，年轻的端木蕻良参加了孙殿英的部队，抗日从军，在他的《遥远的风沙》《螺蛳谷》等作品中，都有抗日和军营活动的描写，充分展现了强烈的爱国主义情绪。端木蕻良的《科尔沁旗草原》《大地的海》《风陵渡》都充满强烈的抗日情怀和爱国意识。东北流亡作家以波澜壮阔的书写方式挥洒抗日救亡的激情。在端木蕻良的《科尔沁旗草原》中，主人公丁宁说："我告诉你，大山哥，一点也不是，害他的绝不是我，绝不是！害他的是小日本，我告诉你，小日本还在我们任何人的肩上，他超出丁家的罪恶十倍，这个你尚且不懂！"①通过小说中人物的语言，抒发出强烈反抗意识。

与爱国意识伴随而来的是代代相传的忧患意识。在源远流长的中国文化长河中，忧患意识始终伴随中国文化的演进，并且成为中国传统文化的一个重要组成部分。忧患意识作为一种意识形态在中国人的文化意识中具有根深蒂固的影响。不同的时代、不同的群体，忧患意识具有不同的表现方式。文学的忧患意识，是作家对社会历史和自身发展的深邃思考和深切关怀，他们从血与火的现实斗争生活中选取题材，洞见世情，采用多种表现手法，将自己强烈的民族忧患意识融于具象描写之中。从东北流亡作家萧军、端木蕻良、骆宾基等人的人生经历和作品来看，忧患意识始终伴随东北流亡作家，他们开启了源远流长的忧患意识的现代转型。只是在不同的历史环境中，表现形式有所不同，但本质并没有改变。1931年九一八事变爆发以后，东北流亡作家发出时代最强音，在他们的作品中表达了浓重的忧患意识。中华人民共和国成立以后，中国文人忧患于20世纪50年代到70年代出现的多次文艺批判运动，这些接二连三的政治运动使得中国作家在思想深处产生挥之不去的忧患意识。这种忧患意识在从现代跨越而来的老

---

① 端木蕻良. 端木蕻良文集（第1卷）[M]. 北京：北京出版社，1998：204。

作家身上表现更为明显。个人的忧患、民族的忧患在端木蕻良的创作中带有一种天生的深沉与忧郁。这种深沉与忧郁是个人的忧患与民族的忧患凝结之后在创作上的另一种呈现。

漂泊流浪也是文学的一个永恒母题，不管在中国还是在西方，都有悠久的历史。早在屈原的《离骚》之中就描述了诗人被放逐后漂泊的体验。西方的《荷马史诗》《鲁滨孙漂流记》《汤姆·琼斯》都是不同时期展现漂泊流浪的作品。在中国现当代作家中，具有漂泊与流浪意识的人不在少数。这是因为"知识分子永远是最不安分的，总是不愿被某个固定的模式禁锢，即使他们已被定位在社会体制的某一环节上，仍然没有安身立命之感，总是要不断地寻求着突破与更合理的归宿。在灵魂深处，他们总是漂浮的，自由地漂浮着"①。漂泊流浪表面上是一种人生的生命体验，而本质上是精神无所寄托。不管怎样的流浪与漂泊，对自由的渴望与追求都更具有人类永恒的价值与普遍意义。在中国现代文学中，作家多具有漂泊流浪的人生经历，再加上知识分子的身份，使得漂泊的感受更具有心灵的深刻体验。鲁迅、郭沫若、郁达夫、艾芜等人均有这样的生命体验。

现代时期的东北流亡作家的漂泊意识主要表现在空间上的流浪。来自东北三省的萧军、端木蕻良、骆宾基等人青少年时期或外出求学，或离乡背井，九一八事变后，他们流浪多地，生活极其艰苦，人生处在颠沛流离的境地之中。20世纪30年代初期，上海成为中国文学的中心，萧军、萧红、舒群、端木蕻良、骆宾基等人相继流亡到上海。后来随着鲁迅逝世，抗日战争全面爆发，文坛出现了区域性变化，萧军等人又来到延安。他们既是知识分子，又是被迫离开故乡的一员。但此时的东北流亡作家身上所表现出的，不是对生活的哀叹与自怜，而是充满战斗的激情和对未来的信心。端木蕻良在《科尔沁旗草原》中塑造了漂泊者形象，丁小爷身上体现着草原上流浪者的典型

---

① 许纪霖. 中国知识分子十论 [M]. 上海：复旦大学出版社，2003：31。

特征。草原上新一代的地主丁宁年轻时走出草原到南京求学，后重回故乡，又再度求学。在出走与寻找之间，主人公身上充满生命的活力与渴望。《新都花絮》中的宓君经历了从北京到天津、香港、重庆等地辗转漂泊的痛苦经历。不管是东北流亡作家，还是笔下的人物，漂泊对他们来说都意味着对社会和人生价值的不懈追寻。这种流浪是将个体的追求与民族的未来联系在一起的。对自由的追求是人类的一种普遍精神诉求，对自由锲而不舍的追寻，正是因为自由的匮乏和外界对自由的束缚。对于东北流亡作家来说，不管是抗战时期生活的漂泊，还是1949年以后精神的漂泊，他们都离开了生养他们的故乡，开始了对人生和世界的探索，在离开与寻求的旅途上蕴含丰富的文化意义。对他们来说，这是人生的苦难，也是精神的财富。不管是人生的漂泊还是自由的追寻，不管是在现代，还是在当代，东北流亡作家的内心深处，改不了也抹不去的是对故乡的深深依恋。乡土情结在中国现代作家身上是普遍具有的一种情怀。端木蕻良曾深深感慨："对于自己的家乡总会有一种天然的情感吧！即便是离开它，儿时接触的一草一木，也是清楚的，人和事物印象，也是不可磨灭的。"①早在创作《大地的海》时，端木蕻良就曾说过："我离开了土地，来到了上海，我感受到无比的寂寞和怀恋，对于那稻草的香气和原野的空旷。《大地的海》的全文，便是我对于土地的爱情表白。"②

三

端木蕻良与其他东北流亡作家一道，开创了东北流亡作家在中国文学史上可歌可泣的伟大篇章。同时，对于端木蕻良的个体创作来说，有别于其他东北流亡作家，他的创作又显示出鲜明的艺术个性。端木蕻良不仅在文学的宽度上努力开拓，而且还在文学的深度上纵深

---

① 端木蕻良. 端木蕻良近作 [M]. 广州：花城出版社，1983：269。
② 端木蕻良. 端木蕻良文集（第5卷）[M]. 北京：北京出版社，2009：364。

挖掘。文学史上大凡优秀的被称道的作家，都能创作出有一定深度的作品来，这是很常见的，而端木蕻良这样的作家，无论是生前还是死后，都没有被热烈追捧。但是，我们却不能否认他的作品的价值和深度。端木蕻良创作上的个人意识、独立意识正是其可贵之处。

　　端木蕻良在中国现当代文学史上一直没有大红大紫，原因是多方面而复杂的。但有一点是毋庸置疑的，那就是与他作品的水平和质量无关。也可以说，端木蕻良的文学成就和文学史地位是不相称的。纵观端木蕻良一生的文学创作，我们会发现"叛逆性"一直伴随他的创作。端木蕻良的创作先天就带有一种与众不同的特质，而这种特质在中国现当代其他作家及作品中是很少见的。20世纪三四十年代，当别人在为革命而创作时，他似乎在为过去而忏悔，在追随革命的时候又强烈地追求自我。他的创作带有鲜明的独立意识，而这种独立意识，也是我们在研究作家作品时所强调的创作个性。一直以来，在东北流亡作家中，端木蕻良都给人一种格格不入的感觉。忧郁、孤独、执着、低调、内敛是端木蕻良特有的标签。端木蕻良从来不想在文坛上证明自己的才华，仔细阅读端木蕻良的作品，就会发现文如其人，他的作品毫无浮躁夸张之气，而是深深地扎在中国传统文化的根基之上，开出属于端木蕻良个人的绚丽的花来，低调，优雅，耐人寻味。在文艺思想上，端木蕻良是属于为人生而文艺的，只是在表现方式上，是很自我的。他写自我，写个人的感受。这一点，端木蕻良和萧红相似。端木蕻良总是执着于个体经验的表达。端木蕻良小的时候母亲总是向他诉说自己的身世，希望儿子长大后能将她的苦写出来，这也成为端木蕻良文学创作的初衷。他的作品主要描写个体的人生经验和生活感受，具有鲜明的独立性。一直到当代，端木蕻良的创作都努力保持这种独立性。端木蕻良的创作，不是简单的"遵命"文学，也不是时代的传声筒，他是加入了理性思考的。他的作品总是暗藏一股生活的潜流。端木蕻良既是思想型作家，也是气质型作家。《科尔沁旗草原》《大地的海》《遥远的风沙》《鹭鸶湖的忧郁》《早春》《初吻》，无论是长篇，还是短篇，与东北流亡作家甚至同时期的其他作家相比，显示出作家对社会人生的深度思考，都是他个人感受与审美体验的真实表达。端木蕻良当代的文学创作，与当时表现农业合作化运动的其他小说相比，表现出了对文学创作深度和强度的挖掘。端木蕻良的短篇小说在十七年时期是非常特别的，短篇小说《钟》《蜜》都是很好的说明，但是这种特别却没有得到当时应有的重视和关注。

端木蕻良认为文学作品必须有它非凡的深度，"文章的深度就是思想的深度，观察的宏博，必须从思想来扩张"[①]。我们对作家作品的评价，很重要的一点就是回归作品本身，而且还要将作品放回所处的时代中去，在比较、发现和研究中探寻其深度。对端木蕻良文学深度的理解也应如此。端木蕻良对长篇小说和短篇小说有独到的理解："短篇把好多东西摆在后面。长篇的后面当然也还有好多的东西，但它触及生活的广度要比短篇宽多了。但短篇也正由于它的短，更应该注意到意味深长才是。过去说短篇必须隽永，隽是甘美，永是深长，也是说短篇必得有深度，才能引人入胜。"[②]其实，1939年问世的《科尔沁旗草原》就显示了深度和不俗的创作实力，得到批评家的赞誉。只是命运多舛，如果这部作品能在完成创作的1933年出版，那么端木蕻良的文学地位会发生巨大变化，文坛将会诞生一个茅盾式的大家。没有几个作家能将草原描绘成端木蕻良那样的雄浑、辽阔、苍茫，也没有几个作家能像端木蕻良那样似乎注定为草原而生的。《科尔沁旗草原》的丰富内涵和深刻主题已被学术界发掘。20世纪40年代端木蕻良的创作《初吻》《早春》转向对人的内心世界的深度挖掘，开始对"自我"的追寻和反思。进入新时期以后，端木蕻良写出《曹雪芹》，他对待文学的态度也是最深沉的。不管是现代还是当代，他都执着于人生体验的表达与书写。端木蕻良在整个当代阶段的创作中，如果说十七年时期他在追赶时代的脚

---

① 端木蕻良. 端木蕻良文集（第5卷）[M]. 北京：北京出版社，2009：233。
② 端木蕻良. 端木蕻良文集（第5卷）[M]. 北京：北京出版社，2009：529。

步，那么进入新时期以后，就放松平和下来，回归他创作的原点。这个原点，就是他最喜欢并擅长的创作敏感区域。《曹雪芹》的创作及成就就是很好的说明。

文学创作作为一种复杂的精神创造活动，不仅要体现时代的需要，时代的个性，还要有作家的个性。端木蕻良是一个有着鲜明艺术个性的作家，他一直努力在现实主义创作道路上不懈探索。在端木蕻良的文学生涯中，无论在哪种体裁中，我们都能体会到端木蕻良真挚的情感，他的"一往情深"的个性追求。端木蕻良的文学创作一直在求真、求善、求美。为什么端木蕻良能把《科尔沁旗草原》写得那么形象、感人而又深邃？很重要的原因在于作家对所描写对象的热爱与熟悉。所谓艺术来源于生活，端木蕻良从小就熟悉了这里面的每一个故事。《科尔沁旗草原》写的是端木蕻良父亲一族的故事，《大地的海》是记叙端木蕻良母亲一族的故事。正是由于创作主体对客体的热爱与熟悉，创作客体才得以在文本当中真实而生动地再现。端木蕻良晚年的代表作《曹雪芹》更是如此。端木蕻良从小就非常喜欢《红楼梦》，甚至到了一往情深的程度。"也许我对《红楼梦》的掌故并没有别人那么深，但我的深不在这里，而在'一往情深'之深。可有人曾听见过和书发生过爱情的吗？我就是这样的。"端木蕻良被曹雪芹的真情主义所深深打动。"我喜欢他，因为他真情。曹雪芹是从爱美出发的，而后来便达到了爱真的地步。真正的美，必须是真的。"[1]端木蕻良创作中的真实真挚还表现在其他方面。如端木蕻良创作的很多悼念性诗歌，特别是他为萧红写的诗词，莫不如此。"天上人间魂梦牵，西风空恨绿波先。"（《萧红逝世四十周年祭》）多年以后，端木蕻良重返清华母校，回想当年，触景生情，"少年如荠，青春似火，当年水木清华……情切归心，馨香满袖遍天涯"（《望海潮·清华母校建校七十周年抒情》）。在端木的诗词中，我们很少看到他为个人的命运

---

① 端木蕻良. 端木蕻良文集（第6卷）［M］. 北京：北京出版社，2009：8—9.

和遭遇感慨悲痛的表达，更多的是他对朋友逝世的哀悼，如《大江东去·挽诗人王亚平逝世一周年》，难掩怀念之情，引起读者强烈共鸣，"刚收热泪，又教我手颤声咽写诔"。正如端木蕻良所说："不管我们把宽度如何宽放，但是必须有一个东西，把他们固执地贯穿起来，没有起伏在全文之中的思想，一切都成为悲弱的，没有了认识也没有了感动。"①在端木蕻良的创作中，始终孕育着善，伴随着美，证明着真。因此，情真意切，让人感动。

四

文艺贵在独创。端木蕻良的文学创作技法在东北流亡作家中是比较纯熟和老到的。不仅在东北流亡作家当中，甚至在中国现代作家当中，端木蕻良的创作独到之处都是不可多得的。端木蕻良的艺术成就的圆熟醇厚、耐人寻味是很多作家望尘莫及的。端木蕻良最喜欢秋天，"秋天也是最丰富不过的，一切的果实都在这个时候把一年来所努力探求的结论宣布出来了"②。从艺术成就方面来看，端木蕻良的创作深邃而极富包容性，是端木蕻良一生文化修养的沉淀与集纳的生动诠释。

对于创作手法，端木蕻良一直秉承自己独特的理念。端木蕻良一直喜欢运用小说形式，因为他认为正是没有定法，没有框框，可以使埋藏很深的意识流很好地流露出来。在端木蕻良的作品中，不管他写的是何种题材，表现何种思想，他所钟爱的传统文化总会以新的方式呈现。他笔下的文字和文本，仿佛都在古典文化的熔炉里冶炼过。

端木蕻良在八岁的时候就开始跟从堂姑的家庭教师学写旧体诗，还跟从画匠学画画，阅读父亲的藏书，对《红楼梦》《唐诗三百首》等都十分喜欢，端木蕻良十二岁的时候，专门学过国画、版画和剪纸

① 端木蕻良. 端木蕻良文集（第5卷）[M]. 北京：北京出版社，2009：233。
② 端木蕻良. 端木蕻良文集（第7卷）[M]. 北京：北京出版社，2009：161。

艺术。端木蕻良十六岁的时候改名为曹京平，因为他非常喜欢屈原，而屈原的本名为"平"。二十岁的端木蕻良同时被燕京大学物理系和清华大学历史系录取，他选择了清华大学历史系进行学习。20世纪50年代初期，端木蕻良在工作之余，很喜欢逛书店，买旧书，也喜欢去琉璃厂、书摊、庙会这样的地方。一直到晚年，端木蕻良都对传统文化推崇至深。端木蕻良曾为《旧京风土画集》题诗百余首，包括书春、年画、糖葫芦、迎亲、嫁妆等。在端木蕻良的《曹雪芹》中，他也不掩饰对传统文化的喜爱，这样的描写俯拾即是，如："崇文门外的'小市'，也叫'鬼市'。天没有亮，摊子就摆得一处紧挨一处。每个地摊都点着一盏半明半暗的油灯。珍珠、玛瑙、象牙、犀角、古钱、书画、牙签、银甲、愈风镯、醒酒石、扇骨、鞋拔……奇巧杂陈，真假难分。"①可见他对传统文化十分熟谙。丰富的阅历培养了端木蕻良深邃的历史观和文化观。

端木蕻良1949年以后创作的短篇小说，经常以诗歌或楔子的方式来开篇。比如，1950年端木蕻良创作的小说《蔡庄子》的开头就是如此："冰消河北岸，花开向阳枝。今年春先到，不到蔡庄子。"②有的还采用章回体手法，如《刘介梅》第一回："酒残灯灭朱门酒肉臭，岁尾年头路有冻死骨。冰消河北岸，花开向阳枝。打开今古传，先说上场诗。"③用这样的手法，既概括出每一回的主要内容，又能引起读者的阅读兴趣。刘介梅从旧社会的苦到新社会的甜，生活翻了身，思想也逐渐发生变化，甚至变坏，最终又重新回到劳动人民的队伍中来了。小说《独臂英雄》同样以这样的方式开始："工地红旗近风飘，英雄事迹真不少。女的好比穆桂英，男的赛过二武松。"④以诗歌或章回体手法来开篇，一方面可以增加小说的趣味性，让读者感到耳目一

① 端木蕻良. 曹雪芹 [M]. 北京：北京出版社，1980：10。
② 端木蕻良. 端木蕻良文集（第4卷）[M]. 北京：北京出版社，1999：158。
③ 端木蕻良. 端木蕻良文集（第4卷）[M]. 北京：北京出版社，1999：210。
④ 端木蕻良. 端木蕻良文集（第4卷）[M]. 北京：北京出版社，1999：304。

新，眼前一亮。另一方面又能简明扼要地交代正文所要描写的内容，达到点题的效果。同时，以这样的方式创作，更能显示出端木蕻良的古典文化素养。端木蕻良的长篇小说《曹雪芹》也是采用章回体的方式来统筹全书。

端木蕻良的诗词同样散发着浓郁的古典气息，足见其受传统文化影响之深。如"愿趁东风驻华年，玉人不唱五十弦"（《浣溪沙·迩冬五十初度》）、"春蚕到死丝无尽，蜡炬成灰泪未干"（《萧红逝世四十周年祭》）、"生烟日暖石蕴玉，有泪月明恨含珠"（《壬戌夏夜读〈石头记〉灯下作两首》）、"碎叶河边生紫烟"（《郭老九十诞辰抒怀》）、"天若有情天亦老，窄门应是吾曹门"（《赠唐弢》），这样的诗句带给读者一种时空穿梭之感。"蓬莱渺渺不可穷，碣石篆刻坠龙宫。"（《沧海歌》）这是对曹操《观沧海》的致敬，读来有浓重的历史感。端木蕻良的诗词体现出作者深厚的学养，句式上多以七言为主，注重格律押韵，工整，每一首诗词都能透过字面，通过简短的语句，表现历史古今丰富的内容，如《念奴娇·重返清华园》这首词，"月色荷塘，十年赋。雨僧青灯读楚。诗记红烛，风翻死水"这几句就非常巧妙地将朱自清的散文、闻一多的诗集、吴宓读书等清华名人故事融入作品中，用简短的语句传递丰富的信息。

端木蕻良的创作继承传统又不拘泥于传统，他的创作试图进行多方面的尝试。端木蕻良一直注重文学作品中的画面感，这对于端木蕻良这样的作家是难能可贵的。我们知道，在中国现当代文学史上，文学作品和影视有缘的作家有很多，也有很多作家的作品被拍成影视作品，这样的作品本身很大程度上具有影视化特征，比如张爱玲、严歌苓。在她们的作品中，都有很多现代手法的运用，注重色彩、意象等方面的营造。她们的这种创作为评论者津津乐道。端木蕻良也希望在小说中营造立体可感的意象，在小说中运用电影手法，使得文本的呈现更具画面感和立体感。在《科尔沁旗草原》等作品中就充分显示出电影手法运用的好处，给读者以身临其境之感。电影艺术对端木蕻良影响很深，他也对影视作品有浓厚的兴趣，很喜欢德国帕博斯特导演的作品。"他深深地被电影叙述手法和剪接技术吸引，那种直接的视觉音响的渲染激发了端木蕻良，那种精练的影视表达吸引了端木蕻良。"①这种表现手法获得夏志清的高度赞誉："目前，我们可以指出端木显然被电影对小说的艺术蕴意所吸引，而且确实是第一个中国小说家公开承认他受过这种艺术媒体的恩惠。"②

　　在意象的选择与运用上，端木蕻良在继承传统的基础之上不断探索，表现出个性与新意。在端木蕻良的诗词当中，有大量植物出现。青林、红莲、杨花、兰花、芳草、芙蓉、藤花、桃花、桐花、荷花、榴花……端木蕻良说："我自幼喜欢动植物，只是由于我住在城市的时间居多，又由于时间不由我支配，所以我心虽常在山川湖海，但身不由己，总是捉笔在桌椅之间。不过，人是有灵魂的，灵魂又是可以出窍的。它凭着感觉走，它已回到我出生地千百遍，始终给我带来灵感……"③如"兰花"的意象作者多次使用。"小屋东壁一盆兰，妙手丹青摄影难。"（《题夏川为吾病中摄影》）"不画兰叶长，不书兰亭短。"（《以诗代柬酬芦荻兄赠端溪砚》）"秋菊春兰同时丽，情更挚。"（《渔家傲·曹靖华八十大寿》）"兰有王者香，幽谷自芬芳。"（《辛酉大暑夜雨初凉灯下写意》）"自古幽兰佳人赋。"（《赠饶鸿竞何美清伉俪》）还如"草"的意象，他的笔下既有诸如科尔沁旗草原那样雄浑的草的意象，也有纤纤芳草。如"天涯芳草意芊芊"（《赠饶鸿竞何美清伉俪》），"重重地，都是金英紫树，交织成，芳草路"（《摸鱼儿·迎一九八二年新春》），"桐花来紫凤，草色出绿洲"（《赠萧滋先生》），"应信芳草满天涯，他乡处处是新华"（《扬子号旅游船上赠宗璞同学》），这些意象无不象征着作者的高洁追求、文人气质与质朴情怀。此外，自古以来，文人墨客都对酒情有独钟。李白就是典型代

---

　　① 孔海立. 端木蕻良传 [M]. 上海：复旦大学出版社，2011：44。

　　② 夏志清. 夏志清文学评论集 [M]. 台北：联合文学杂志社，1987：159。

　　③ 端木蕻良. 答客问——谈我的笔名和出生地 [N]. 济南日报，1992-7-18。

表。"酒"这个在萧军的诗歌中经常出现的意象,在端木蕻良的笔下,别有一番韵味。"此日情怀仍似酒,不息,酿汁作蜜笔作蜂。"(《定风波·赠陈学昭同志》)"酒醉人,人还醒。"(《贺新郎·咏水仙》)"山泉边,把水当酒酤。"(《拜星月慢·迻冬六九初度,作〈木兰花慢〉索和,因制此曲报之》)1983年1月10日《人民日报》发表的诗歌《重九画家刘旦宅招饮》:"持螯应记潇湘咏,绿醒红酤酒中筹。"在《寿星明》中,在气朗天清,橙黄橘绿的氛围下,"荷杯裁得,注酒传香。"国庆时分,面对大地神州,好景无边,朗朗丹秋,"斟满香醪以待,齐唱大康讴"(《望海潮·国庆三十五周年作》)。烟花三月,与友人登上黄鹤楼,面对万里长江奔流,"极日楚天抒怀,临风云霄把酒"(《和荻帆自度曲黄鹤楼》)。天地悠悠,回想古今,深得陈子昂《登幽州台歌》的精髓。"百转斯琴歌祝酒,十番外语笑满楹。"(《赠敖德斯尔、斯琴高娃》)在端木蕻良的笔下,"酒"不再是萧军诗歌当中的苦闷排遣、壮志难酬,而是注入了一丝欢快与希望的色调,别有一番滋味。

端木蕻良在文学创作过程中,善于运用多种表现手法与技巧,为作品的思想穿上了精致的外衣,在艺术表现的强度上收到了意想不到的效果。端木蕻良早年学过绘画,这对他的文学创作产生积极的影响。将绘画方面的技巧与文学表现有机结合,达到了栩栩如生的艺术效果,有利于人物形象的勾勒和刻画。将素描的手法运用到人物形象刻画上,几句话就将人物的外貌形象勾勒出来。将美术中色彩的搭配运用到诗词当中,对比鲜明的色彩造成生气勃勃的气势,给读者带来强烈的视觉冲击力。在端木蕻良的诗词中,色彩的搭配与对比浑然天成。"嘉树春城晓,红日万家春"(《水调歌头·元旦献词》),"一握青蘋三千里,窗前池影对桥红"(《访徐霞客故居晴山堂》),"闹红丛碧平生事"(《挽张伯驹先生二首》),运用"红"和"碧"进行对比。用红和绿进行对比,如"绿星绿色绿如滋,万绿丛中花如织"(《祝"世界语之友会"成立》),"红透绛霞重"(《题关山月赠墨牡丹二首》），"绿醒红酣酒中筹"；红和黄的对比，如"红叶黄栌尚可攀"（《偶题三首》）。不仅运用色彩的对比，还有轻重的对比，使他的诗读起来充满张力，如"桃花匝地艳，柳絮浸更轻"（《题关山月赠墨牡丹二首》），"丹东满山杜鹃红，鸭绿江水绿于蓝"（《延耀市长过访得句》）。在小说中，对比的手法同样恰到好处，如《曹雪芹》："北方冰天雪地，寒风凛冽。但是一过江淮，便是另外一番景象了。江南天气，是个小阳春。堤畔篱边的小桃红，苞儿都长得十分饱满，一切都准备停当，就等着开放了"①。这里，端木蕻良将北方的寒冷和江南的温暖呈现出来，简单几句，娓娓自然，毫无做作之感。

语言是文学思想表达的外衣，端木蕻良的文学语言充满柔性、灵性，轻盈而又通透。1949年以后，他描写的功力与20世纪三四十年代的作品相比丝毫没有减弱。特别是一些细节的描写，表现出作家敏锐的观察力与丰富的表现力，如："饱含水珠的天空是透明的，七彩虹在环内天空还映照出一道七彩虹来。云气有的重了，还在下移，轻的，还在上扬。天空上湖光的倒影，彩虹的反光，还在瞬息变幻不定。"②端木蕻良的文学语言细致，含蓄隽永。端木蕻良说："我从来是描写胜过叙述的。我企图在描写中能具有更广阔的概括性。如果这种概括的东西也与某种情况有相似的话，这绝不是影射。因为影射绝不是艺术，它只会削足适履，而且还不仅仅是削足适履。"③端木蕻良是自然描写的专家，他对自然景物的描写纯熟。王富仁认为："端木蕻良的景物描写时时刻刻暗含着这样一种确信：未来的世界不是从资本主义的现代大都会产生出来，而是在这个充满生命活力的自然世界中产生出来。"④端木蕻良在20世纪60年代写的草原系列散文，可以看出

---

① 端木蕻良. 曹雪芹 [M]. 北京：北京出版社，1980：19。

② 端木蕻良. 端木蕻良文集（第7卷）[M]. 北京：北京出版社，2009：533。

③ 端木蕻良. 曹雪芹 [M]. 北京：北京出版社，1980：12。

④ 王富仁. 文事沧桑话端木——端木蕻良小说论（下）[J]. 中国现代文学研究丛刊，2003（4）：129。

他对草原、对自然发自心底的爱。这个时期的草原，已经从20世纪30年代端木蕻良笔下忧郁、辽阔、苍凉的草原变成充满生机、希望、明丽的草原。"这雨过天晴的时光，是草原上最明媚的时光，不管是什么时候，即便是深秋也罢，只要在新雨初过，太阳一出来，光线照射在草原上面，远远望去，都使人感到有一种春天的气息向人面扑来。空气像刚刚滤过似的，不带一粒尘埃。"①在艺术见解上，端木蕻良推崇孔夫子说的"绘事后素"，也推崇苏东坡的"绚烂之极，归于平淡"。从小说、诗歌到散文、随笔，端木蕻良的创作践行着这种理念，自然、真挚、生动而又朴素。

结　语

文事沧桑，转眼百年。在抗日的烽火中起步，在辗转漂泊中积淀，在苦难浩劫中历练，在多种体裁中驾驭，在质疑争议中淡然。就这样，从现代到当代，端木蕻良一路走来。端木蕻良的创作有着鲜明的审美意识和文化追求。"文学无标准，一个作家内在的心灵感受与他的作品的关系就是衡量他的作品成败得失的唯一标准。"②端木蕻良将他一生的心灵感受化为一千多万字的作品，成为中国现当代文学中一个不可或缺的独特存在。东北流亡作家的另一位代表作家舒群曾说："当今之世，大致如此：在生时，作品多以作家的命运为命运；而在死后若干年，作家却以作品的命运为命运，或各有各的命运。后人铁面，历史无私。"③是的，后人铁面，历史无私，对端木蕻良及其作品的研究将坚定地一路走下去。

---

① 端木蕻良. 端木蕻良文集（第7卷）[M]. 北京：北京出版社，2009：557。

② 王富仁. 文事沧桑话端木——端木蕻良小说论（上）[J]. 中国现代文学研究丛刊，2003（3）：81。

③ 舒群. 舒群小说选 [M]. 北京：人民文学出版社，1985。

端木蕻良：他是大地的孩子

薛　涛

一

很小的时候，我就知道在我们昌图这块地方，出了一个鼎鼎有名的大作家，他还回到家乡鸳鹭树探亲了，还跟家乡的学生们见面。这件事在当年深深触动了我，我牢牢记住了他。他有一个奇怪的名字，叫端木蕻良，就生在那个叫鸳鹭树的村庄。我觉得很好奇，便打听这个村庄在什么地方。在我的预期里它一定在遥远的地平线的后面。父亲给我的答案却是——这个村庄与我的家距离不远，也就是十几里的样子。我不知道十几里是多远，我想大概也就是间隔一两条河、三五片林子那么远吧。打那以后，我也记住了鸳鹭树那个地方，它甚至一度成为神奇之地的代名词。

后来又知道，端木蕻良并不是他的本名，他其实叫曹汉文。还有人说他的本名叫曹京平，或者曹家京。不过，人们最熟悉的还是他自己起的这个别出心裁的笔名——端木蕻良。其实，最初他起的名字是端木红粱，"红粱"也就是"东北红高粱"的意思，很有地域色彩。但是"红"这个字眼在那时太惹眼了，好像公开表明自己是革命派；"粱"又抢了谷物的名字，有些不妥，所以最终改成了"蕻良"两个字。取"端木"二字做姓氏是因为这个复姓少见，拿来用不易与人重名。

128

改过的名字仍然有东北味，因为"蕻"一下子使人想到北方人冬天爱吃的腌菜——雪里蕻。现在东北菜馆的菜谱里，还常能见到雪里蕻炖豆腐，这不算是一道名菜，只是东北人的家常菜。端上来，味道清爽咸鲜，颜色青白分明，而且营养丰富，偏食忌口的人也都爱品尝。"蕻"还有茂盛的意思，用来形容这位作家的家乡也极为恰当。昌图坐落于铁岭东北部，与广袤的科尔沁草原毗邻。这里土地肥沃，水草丰美，端木蕻良的第一部长篇就叫《科尔沁旗草原》，他完成这部三十多万字的巨著时才二十一岁。

昌图也不是最初的名字，原来叫"常突额尔克"，是"绿色草原"的意思。现在的人们大多采用这个说法来解释昌图这个名字的来历。不过，我更喜欢另一种解释。在这个说法里的"常突"，满语的意思是"榆树"。因为早先老县城里有一棵大榆树，端木蕻良小时候，父亲还带他去看过的。汉族人也叫这个地方"古榆城"。后来写成"昌图"两个字，是人们为了图吉利，顺音改的。当然，榆树不止一棵，这是北方的常见树种。不止昌图城里有，其他的地方也到处都是，用榆树来做地名的也不少。现在查看地图，还能见到昌图的西北角有个地方叫"古榆树"，而东北的方向则有一个叫"柏榆树"的村子，想必柏树和榆树的数量是不分上下了。榆树叶片不大，个头在树族里也不算高，但长得壮实茂盛。最特别的是春天的榆树钱——小而圆的浅绿色薄片，是榆树的种子，一嘟噜一嘟噜地挂在枝头，真像铜钱串，把个榆树生生变成绿色的摇钱树。"昌图"二字总是让人联想到昌盛繁荣、宏图大展。有这样响亮的名字，又岂能不出几个响当当的人物呢？

端木蕻良对得起这个响亮的名字。他出生的村庄鹭鸶树位于昌图县的北边，是一个颇有诗意的名字。端木蕻良的成名作《鹭鸶湖的忧郁》采用的就是家乡真实的地名。创作这个短篇时他第一次署上"端木蕻良"这个笔名。

鹭鸶湖出现在小说里，许多人误以为这是作者虚构的地名，因为它太雅致了。可见，昌图的先人本就不缺乏诗意情怀。这个地名果然也有来头。据记载："嘉庆年间集民成村以前，本处水泊沼泽，其地水草丰茂，周围树密林森，僻静清幽，人迹罕至，常有鹭鸶等水鸟栖息于林树之间，故地名为鹭鸶树。"①这个历史记载简直就是一个神话传说的开篇，如此清幽秀美之处，若无动人的故事被文人记述流传，简直是辜负了它。于是有个曹家的读书后生，起了个笔名叫端木蕻良，把这个地方写进他的小说，让大家认识了它，也记住了它。鹭鸶湖应当感谢端木蕻良。端木蕻良不写它，它至今仍旧深藏在昌图北部的一片草木之中，不过是一片普通的湖水。

从前，它就是一个普通的湖。不过，在端木蕻良的记忆中却不平凡。端木蕻良在《大地的海》后记中写道："在写作时，我对于故乡只有寄托着无比的怀念和泪。一个人对于故乡，'这是不由心中选择，只能爱的'（屠格涅夫语）。年老的妈妈也许在这时为着浆洗一件旧衣而感到手臂的酸痛吧，无知的侄女也许在聚拢起茸长的狗尾草，蜩着一个来头（《大地的海》中的人物）一样的忧郁的小伙子在场院里懒洋洋地玩耍……今年的燕子，是不是又在那棵大的松木梁头做下了新巢……他们不知道我的消息，燕子也不会告诉他们。他们只有在梦中向我遥寄了心中的希冀和一切不可能的喜欢。"②

被这梦驱赶着，端木蕻良虽然久居异乡，却一直在不停地书写远方的那片土地。这样的书写，成为贯穿他文学生命的主旋律。

二

在家乡度过的那些岁月，端木蕻良满眼看到的可不仅仅是成串的榆钱和肥沃的黑土，也不仅仅是栖于林树的鹭鸶。北方的草原，在20世纪二三十年代，应当是一副粗粝的模样。土地是辽阔的，同时令人

---

① 孔海立. 端木蕻良传 [M]. 上海：复旦大学出版社，2011：7.
② 端木蕻良. 端木蕻良文集（第2卷）[M]. 北京：北京出版社，1999：209.

感到荒远与苍凉；塞外的风是劲猛的，但也显得冷漠与暴戾。这片大地仿佛一个饱经风霜的汉子，缄默沉郁，把热情隐藏在伤痕累累的冷峻面孔下。这样的乡土给这片土地上的人们染上了一种忧郁的气质。端木蕻良深深地意识到这一点，他在接受一次采访时说："土地传给我一种生命的固执。土地的沉郁的忧郁性，猛烈地传染了我，使我爱好沉厚和真实，使我也像土地一样负载了许多东西……"①沉重，厚实，充满了原始的力，既雄伟又悲壮，这正是端木蕻良作品带给人的整体印象。那是暗色调的，又显示着一种浓烈的油画效果。

这大地是满浸着苦难的。土地养育了人，也吞噬与消耗着匍匐在土地上的农人的生命。"大地的儿子，那些赤脚的农夫把食粮撒在地上，再从地上取出食粮。把血液灌溉到食粮里去，再从食粮里咀嚼出血液来。把生命种植到食粮里去，再从食粮里耕种出生命来……大地育养了他们，做他们的摇篮、保姆、奶子。看他们睡眠，长大，粗拙、粗鲁地大笑——然后当他们血液饱满的时候，则把他们套回去，安安静静地夺回去，沉默地，毫无宽贷地，这样做着，用苦工，用劳作……"②无止息的耕作的辛劳，贫穷与疾病的苦楚，连同被奴役和盘剥的无助，是那个年代农人难以摆脱的宿命。

端木蕻良并不是其中一员，却带着忏悔的心情，感同身受。如果说，这只是源自一个少年天性的善良和年轻贵族对贫民的同情心，那未免太轻浅了。正如兰柱看到父亲用马棒责打灵姨时会心痛（《初吻》），绝不仅仅是出于同情，而是因为那是他热烈爱恋着的女人。对这片土地，对这土地上的农人，以及他们共同承受的苦难命运，端木蕻良同样是爱着的。这种爱使他憎恨一切自然的和人类的暴君，这使他因为自己是其中一个"暴君"的儿子而感到羞愧自责。这自责，从少年起便融入他的血液，终于化成忏悔的因子，流淌于他笔下的字

---

① 辽宁社会科学院文学研究所. 东北现代文学史料（第三辑）[G]. 辽宁社会科学院文学研究所，1981：101。

② 端木蕻良. 端木蕻良文集（第2卷）[M]. 北京：北京出版社，1999：16。

里行间。

他以忏悔的姿态面对这片土地，也以这样的姿态面对这个世界。正因如此，当经历了情感的风雨，遭遇了众人非议，他也始终莫辩一言。宽厚，有的；淡泊，也有；但骨子里，仍然是沉重的忏悔。他以此作为表达爱的一种方式。

同时也是一种反抗的方式。无声，也坚忍。

因为他所爱的土地，正饱受屈辱。

端木蕻良在20世纪30年代的中国文坛上受人关注，首先因为他是东北流亡作家的一员，身边还有萧军、萧红、骆宾基、舒群、白朗、罗烽、李辉英……一大串名字，一大群来自沦陷之地的文学青年。他们因失去故土而痛感耻辱，却也因对这耻辱的书写而意外地获得瞩目。他们用笔控诉那最冷血残酷的"暴君"，也抚恤与那块土地共同遭受蹂躏的乡亲。

在这些人当中，端木蕻良应该是书写故土最多最持久的一个了。大地，是他文学创作的核心母题。这大地不是泛指，而是特指，他心念的只是生养他的那片草原，荒凉而辽阔，冷漠又忧郁……

三

这还是一片迷人的大地，因为栖居在此的不仅有人，还有神和其他生灵。

时至今日，在我的老家昌图，仍然不断涌现新鲜的"聊斋故事"。比如在途中偶遇一乡人，三五句寒暄过后，他便绘声绘色地讲起自己弟弟近日的"异事"：起先没有任何预兆，突然间一个高大的男人就像孩子似的满地打滚，嬉笑忘形，一会儿又叩首作揖，做可怜状。他目光呆滞，好似灵魂出窍，完全不同于平日模样。于是有明白人指点，说这个后生被"迷住"了，事主肯定是一只黄皮子。"迷住"就是控制的意思，在东北民间，没人对黄皮子这一特异功能表示怀疑。黄皮子，就是黄鼠狼，和狐狸一样，在东北的山林里是个灵异之物。乡人的弟弟就成了这种灵异之物的附庸。人们于是挥舞着棍棒，四处搜寻操纵者，终于在一垛松枝下面找到了那个自鸣得意的家伙，做掉了它。黄皮子一死，他弟弟立即就恢复了常态，再无异状了。

还有更厉害的，就是狐仙。在乡人的传说中，那是一个灵异家族，都姓胡，各有各的名字，比如胡三仙姑之类。这些被称为"仙"的狐精，在信徒的心目中是和佛家弟子敬重观音菩萨一样的，要请了牌位供奉。一旦对狐仙有所不敬，它便会施法术，降下灾祸惩罚这个人。每当出现这种情况，而且时常会出现这种情况的，就需要有人从中调和，求得狐仙原谅。这样的人就是跳大神的。

跳大神的其实就是萨满教巫师，满语又叫"萨拉子"，端木蕻良的大舅就是其中一个。萨满教是一度盛行于北方的一种原始宗教，现在多于乡间流传。住在城市里的人常常很难理解乡间的风俗，对于这种信仰，会嗤之为迷信或装神弄鬼，把跳大神视为一种骗术。混迹于此的骗子或许是有的吧，但在端木蕻良和他父母眼中，大舅却是一个值得敬重的人。大舅告诉端木蕻良，他做这个行当是神非要捉他来当弟子，不当就活不长。他本来就小病不断，还要跳大神替人治病，而且每次都要跳得筋疲力尽、大汗淋漓，这令幼年的端木蕻良对大舅既崇敬又同情。在端木蕻良的许多作品中，都有对跳大神绘声绘色的描写，那是五彩斑斓的，也是惊心动魄的。大神和二大神（助手）默契配合，起舞应答，如同一场隆重的表演，常常引得众人围观欣赏。因为那其实就是音乐，是舞蹈，是诗。巫师是人类最早的专业艺术家，神灵附体使他们忘我癫狂地歌唱舞蹈，把神秘的气息和宗教的蛊惑力一波一波地扩散在大地上。

这种对灵异之物的笃信，不应当简单地和愚昧无知画等号。它是植根于乡民的神秘主义思维，那是人与自然建立的一种心灵关系——敬重自然生命，相信万物有灵。在这种思维的滋养下，神话得以产生，宗教得以传承，人类与自然万物建立了一种神秘而亲近的血肉联系。不知道是不是萨满巫师的腰鼓声激发了端木蕻良对神话的浓厚兴趣，他曾在战火纷飞的20世纪40年代，一度沉湎于神话研究，并根据希腊神话故事改写成了《女神》《蝴蝶梦》《琴》等小说，还发表了研究《山海经》的论文《最古的宝典》《羿射十日的研究》《图腾柱》。

当我为写此文再度翻阅《端木蕻良传》的时候，才惊讶地发现，我和这位文学前辈兼老乡竟然不约而同地对这部中国古代神话产生兴趣——我一度创作过一套"山海经新传说"系列（《精卫鸟与女娃》《盘古与透明女孩》《夸父与小菊仙》），就是从《山海经》的几个神话故事演绎而来。这是否意味着在我们之间，存在某种巧妙的精神契合？

四

这个10月，我回了趟昌图老家。

正是秋收时节，收割后的高粱垛，零星散落在平坦的田野，像是一盘被搁置的棋。玉米在场院当间堆成小山，金黄金黄，明亮得耀眼。黑亮亮的公路像甩在林间的一条墨迹伸向远方的鸳鸯湖。

跟昌图的朋友提起端木蕻良，他一下子来了兴致，竟在短时间内策划了一个旅行计划，主题就是"寻访端木蕻良踪迹"。

就这样，我于若干年后又回到昌图老城，轻轻走近端木蕻良故居纪念馆。其实这里距离我当年读书的昌图高中只有几步远。走近它，当年的气息再次扑面而来，那是一种沉郁而厚重的文学气息。

端木蕻良的墓园没有大门，永远向怀念他的人敞开。它坐落在昌图城南山清水秀的状元沟。状元沟有一座山，叫太阳山，它还拥着一个大湖，就叫太阳湖。端木蕻良的墓碑静静地卧在太阳山向阳的一处凹进的斜坡上，面朝那片幽静的湖水。这里可谓依山傍水的风水宝地，这也正是昌图人的美意。遵照端木蕻良的遗嘱，他的骨灰要分四处安放，昌图老家是第一处。眼前白色的墓碑上刻着他和妻子钟耀群的名字，她陪着他，最终回到老家。

端木蕻良十六岁告别老家昌图，1986年第一次回乡时已是耄耋老人。五十多年的漂泊，他无时无刻不惦记故土和这片土地上的一切，因为他的根在这里。居住在异乡的人像一只风筝，线却牢牢地系在故乡的老树上。

我离开昌图老家也有二十多年了。二十年在我的生命中已占去一半，却是最重要的一半。

田野依旧，大豆和高粱也还是老样子，草原却退得远远的。我不知道是农人开垦了更多的田地，把草原的界限推远了，还是那科尔沁旗草原本就在遥远的地方。我甚至猜想，正如莫言笔下的高密东北乡，也全然不是他故乡真实的模样。端木蕻良笔下的科尔沁旗草原又何尝不是来自他渗透着思乡之情的文学想象。十六岁以前的记忆是零碎的，小说中的草原却能连成一片；那织补碎片的想象的金线，最后成为这件织物的主体，最初的碎片反而成了点缀。

在这个秋日的下午，我们找到了鸳鸯湖。居然真的有几只白色的水鸟，远远地栖在湖面。它们一定就是传说已久的叫作鸳鸯的鸟了。树林清幽，芦蒿茂盛，两头牛在林子尽头的田垄处寻觅草叶，慢慢咀嚼。这一切都比我童年时的想象更美，甚至比端木蕻良小说中的描绘还美。

这片湖，还是不是端木蕻良童年记忆中的那个湖？是吗？难道不是吗？作家梦中的科尔沁旗草原、鸳鸯湖、昌图小镇……毕竟定格在20世纪二三十年代。那时，风是粗粝的，草原是广阔的，大地流淌着黑色的血液，生养着浸泡在苦难中的人们……因为这是他梦中的家乡，因为他爱的就是这样的大地，因为他就是这大地的孩子。

人民的作家，舒群

王 科

舒群（1913—1989），著名作家。

祖籍山东。1913年9月20日出生于黑龙江省阿城县一个贫苦工人家庭。满族。本名李书堂，曾用名李春阳、李旭东、李邨哲，笔名黑人。1920年，舒群七岁进阿城县西营小学一年级读书。他很喜欢学语文，放学回家，看见父亲在家，就嚷嚷让父亲讲故事，父亲一生酷爱武术和民间故事，一有闲暇时间就给他讲一些民间传说和故事，还念自己编的快板、顺口溜，舒群对这些反映劳动人民穷苦生活的口头文学很感兴趣，常常边听、边记、边想，这是他童年时期所受到的唯一的艺术启蒙。父亲对他的人生观的形成和文学兴趣的培养影响最大。父母看孩子挺聪明，就千方百计想办法供他读书，把改变穷困生活的期望寄托在舒群走进学堂读书上。

不久，因家里无钱做校服，学校以有碍校容为名，将舒群逐出校门。随家迁至一面坡，童年的舒群在风雨飘摇的苦难岁月中，1922年春，九岁的舒群进入珠河县立第二小学读书。这儿不用穿校服，但舒群因为没有棉鞋，在数九隆冬里冻伤了脚，无钱治疗，导致全脚溃烂，一年多不能下地，只好休学。1926年秋毕业，由于成绩优秀，舒群跳了一年级，最后一年提前结业，实际只念三年半书。语文教师罗德彰对成绩优异的舒群很是器重，给他重新起了个名字，把李春阳改为李旭东，寓意他将来的人生像旭日东升一样，蒸蒸日上。

1927年春，十四岁的舒群报考哈尔滨一中。在五百多名考生中，舒群以第八名的成绩考进哈尔滨一中，但只读了一个半月的书，因交不起学费，被学校无情地勒令退学。舒群为了减轻父母负担，每天都上山砍柴卖，手脚经常扎得鲜血淋漓，他也毫不在意。

　　夏天，舒群在一面坡"普庆茶园"拐角一家铺面当学徒。这一家铺面开了两个铺子，一个叫"石印所"，另一个叫"扎彩铺"。舒群在那里跑腿，抢石印轮子，春节时，印馃子盒，抹金粉，镀金字。在扎彩铺做人头模型，往上贴纸，啥活都干。石印所最高级的活是写石印底板，大概有一点技术含量，因此，掌柜自己干。扎彩铺最高技术是用秫秸扎牛、马、人体形。少年时期的舒群最喜欢干的三件事是：一是识字看书，二是动脑筋思考问题，三是干有创造性的劳动。舒群很喜欢扎纸草人，每当做成神色不同、形象各异的金童玉女、纸车纸马，他心里就有一种说不出的愉悦。这种创造性劳动，陶冶了舒群的艺术气质。舒群原想决心干到底，但后来因老板娘无故打他，他很气愤就跑了。这时的舒群既不能念书，又无法学徒了，无奈，只好上山继续砍柴。也就在这时，舒群结识了一个朝鲜孩子果里（他就是作家后来所写小说《没有祖国的孩子》中主人公果里的原型）。果里是中东铁路苏联子弟第十一中学学生，他的爸爸是烈士。

　　秋天，舒群经果里的引见，在他的班主任苏联女教师周云谢克列娃的帮助下，进了中东铁路苏联子弟第十一中学读书。这位女教师就是舒群后来写的小说《我的女教师》里苏多瓦的原型。舒群从生活到经济、政治等各方面，都得到了这位苏联女教师的热情帮助。她给舒群学费，为他买书，买笔记本。每天让舒群上她家去补习俄文，还给舒群做衣服，留舒群在她家吃饭，教他革命道理。在苏联女教师家里，舒群第一次看见了列宁和斯大林的像。女教师还经常激励舒群刻苦学习。有一次上文学课，女教师问舒群："你知道高尔基吗？"舒群答："不知道。""托尔斯泰呢？""不知道。""普希金呢？"舒群摇摇头。这一连串问题，舒群一个没答上来。从此，舒群默默地责备自己无知无识。女教师说："无知并非罪恶，不学才是羞耻，你愿学，我愿用休息的时间教你。"女教师常常利用星期天、节假日给舒群讲十月革命的故事，帮助舒群学习文学名著和科学知识，这在舒群幼小而纯洁的心田里，埋下了一颗种子。舒群曾说："她不仅是自己的文化老师、第一个政治老师，而且也是指引自己走上文学道路的老师。"

1928年春末，东省特别区教育厅决定在一面坡新成立一所中学，叫第六中学（第一、二、三、四中学都在哈尔滨，第五中学也是新建的），教育厅派一个"督学"来创办，他先上红俄学校参观，发现舒群是中国人，便把舒群赶出红俄学校，令其上第六中学。舒群被迫离开了他心爱的红俄学校，辞别了女教师周云谢克列娃。临走时，苏联女教师送给舒群两本书，一本是通俗的共产主义读本，一本是"七人"编著的俄文文法，果里没东西送，给的是几滴眼泪。夏初，舒群转入一面坡东省特区第六中学。

1930年春，十七岁的舒群经少年朋友温少筠同学的帮助，又重新回到哈尔滨一中初中三年级读书。当时，哈尔滨一中分成两派，一派反帝反日，一派反苏。反帝反日派是主流，它有反帝大同盟组织的领导，反帝大同盟的活动是在共产党的领导下进行的，它是党的外围组织。舒群一入学，便参加了这场斗争。

因为舒群对共产党、十月革命，对列宁早有了解和认识，所以他积极参加反帝反日派，跟反帝大同盟一起活动。他参加游行、示威，走上街头宣传抗日，演活报剧。舒群亲眼看到了抗日势力的高涨，激发了他的爱国主义热情。在这期间，舒群开始阅读大量古今中外名著，如中国古典小说《红楼梦》《水浒传》《三国演义》，俄国作家托尔斯泰的《战争与和平》，法国作家梅里美的《卡尔曼》《高龙巴》，美国小说家欧·亨利的《二十年后》，以及英国唯美派大师王尔德的作品。同时，还阅读了鲁迅、郭沫若、茅盾、田汉、蒋光慈、杨骚、白薇等中国现代作家的作品，使他对国家、社会和人生有了许多新的认识。舒群从阅读大量的文艺作品中，找到了自己的第一个文学上的老师蒋光慈。蒋光慈的作品给舒群的早期创作以有力的影响，指引他走上文学道路。然而，哈尔滨一中的大门口，却醒目地张贴着校方禁读蒋光慈作品的布告。舒群看了十分气愤。当局和学校越禁止蒋光慈的作品，越引起广大师生对蒋光慈的热爱，越争读蒋光慈的作品。舒群阅读并研究了蒋光慈的大量著作，着重熟读了当时影响最大的两部诗集《新梦》《哀中国》。舒群深深被作者强烈的爱国主义精神和对帝国主义、封建军阀的强烈仇恨所感动。舒群特别喜欢蒋光慈作品中所充满的革命激情及艺术魅力，这对舒群后来从事文学创作，形成自己作品的艺术风格有着很深的影响。从舒群作品深沉、激越、悲愤、有力的艺术风格和含蓄深邃、铿锵作响的文学语言，也可看出蒋光慈作品对他的极大影响。舒群曾说："蒋光慈的作品对我的影响是最大的。不仅影响到我的思想，而且也影响了我后来从事的写作。蒋光慈即使不是我的第一个政治老师，政治老师有家庭、有社会、有周云谢克列娃，然而，他确实是我的第一个文学老师，是我没见过面的第一个文学老师。"暑期，舒群于哈尔滨一中读完初三毕业。这时，恰巧听说一所免费的哈尔滨商船学校招生，校长是王时泽。这是青岛海军学校分校，但需具有高中一年级的学历方可报考，当时有两位喜爱他的教师热心地帮助他突击补课，并搞了一份证明，舒群终于考入商船学校驾驶丙班。九一八事变第二年，该班并入青岛海校。舒群投考此学校，并不是醉心于"造就海军将校之材"的宗旨，无非为他的"官费"。在这个学校，舒群熟识了进步同学、党的地下工作者傅天飞，接触了数学老师、后来成为抗联领导人之一的冯仲云，但还是因为家庭生活无着，只读半年书就退了学。但他对这所学校有深刻的印象，他曾回忆说，这学校与世隔绝，同监狱一样，铁网一围，防范森严；同庙宇寺院一样，宁静恬漠，不染红尘；同孤山孤岛一样，空空落落，满眼荒凉，是一处多么奇特的境界。然而，学生供给一律官费，衣住不说，吃的是双合盛面粉，学习用的是派克钢笔、英国仪器、英国的对数表。除外，每月发给五元补助费，随你零用，买牙膏、肥皂之类。有着如此优越生活的学生对老师却格外挑剔。在冯仲云之前的那位教授，第一堂课竟被学生出的三道题难倒打道回府。据了解，那位教授并非草包，几何很有水平，与那位数学教授相比，穿着破旧的冯仲云尽管被严肃地介绍为"教授"，但那些穿水呢料海军制服的学生，对这位身材瘦高衣不合体（冯仲云离开清华来东北时，刚出狱不久，所穿衣服是同学们凑的）的二十二岁教授，自然也以三道难题作为见面礼，没想到这位瘦高穷酸的冯教授很快把三道难题一一解出。一下子，冯教授在学生中建立了威信，其大名也很快传到校外，有些学校慕名请冯教授兼课。

舒群的文学生涯开始于1931年秋。首先在《哈尔滨新报》副刊《新潮》上发表诗歌、散文。后来，被聘为这家报纸的通讯员。同时还在《哈尔滨画报》上发表文章。《哈尔滨画报》早于《哈尔滨五日画报》，和《哈尔滨新报》接近同时创办，该报主办人姓王，是一个共产党员，总编辑是林垦。不久，九一八事变的消息传到哈尔滨，全市人民抗日情绪高涨，党组织领导的以及群众自发的抗日活动此起彼伏，集会、结队、游行、示威、讲演、宣传，极大显示了人民群众的民族气节和爱国思想。舒群于九一八事变后第三天，面对国破家亡的严酷现实，自动请求退职，怀着中华民族不可辱的骨气和强烈的爱国热忱，在哈尔滨参加了抗日义勇军，奔赴抗日前线参加战斗。

1932年年初，舒群从义勇军退伍回到哈尔滨，3月末经同学陈仕卿介绍，参加了第三国际一情报组织，从此，他才真正走上革命道路。那时，第三国际是单线领导，他负责搜集交换情报，工作条件十分困难和危险。当时有四个联络点，组织上给他两个，让他自己再找两个。一个是温少筠、萧梦甜家，在道里三道街；一个是《商报》所在地，在道外十五道街；另一个是萧军家，在哈尔滨市道里商市街二十五号（现在是道里红霞街二十五号）；还有一个是法律事务所照相馆，在道里地段街。主要从事情报工作。当时分给他以下几条线：哈满线、哈绥线、哈长线到四平、四平到洮安县、洮南到昂昂溪，还有洮南到索伦线，松花江沿线，战线长，工作繁重，然而他只是一心埋头情报工作。在白色恐怖形势下，面对着敌人耀眼的刀丛和明岗暗哨，他独自化装，日夜长途潜行，跑遍北满各地。他在洮南情报站工作时间最长，关系发展到各个方面，从修理自行车、手工业作坊到打字学校，从师范学校到伪县政府，形成关系网，多方设法搜集日军火力分布和军事设施情报。当时经费很少，干这种工作特别需要表，但又没钱买新的，组织上给他买了一块旧怀表，总是走走停停。一有工作任务，为了确保任务准时完成，他总是要跑到火车站、大商店去对表。

1932年9月，他参加第三国际中国组工作后，由于觉悟迅速提高，工作非常出色，秘密地加入了中国共产党，成为一名真正的战士。

夏末秋初，松花江江水泛滥，年久失修的江堤决口，哈尔滨市变成了一片泽国。从二十道街到十几道街，每条街都变成一条河流，可以行船。张景惠当时是东省特别区行政长官，实行反动的军阀统治，不管人民的死活，临时成立个所谓难民收容所。一些贫民从道外逃到南岗，临时搭起个席棚子安身。这时，舒群一家也沦落为难民，过着艰苦的逃亡生活。

年底，舒群被任命为第三国际所设洮南情报站站长，以哈尔滨《哈尔滨五日画报》分销处的名义做掩护，从事情报传递工作，直到1933年秋。这阶段他结识了哈尔滨中共地下党员金剑啸、罗烽及许多左翼文化人士如陈凝秋（塞克）、三郎（萧军）、悄吟（萧红）、白朗等。这种友谊更激起他对革命文艺的兴趣，使他踏上了文学创作的道路。他肤色较深，因此给自己起了个"黑人"的笔名，用这个笔名，他经常在《国际协报》《哈尔滨商报》《大同报》等报刊上发表诗文。1933年4月4日，舒群在《国际协报》副刊发表特写《流浪人的信息——给三郎、悄吟》，署名黑人。

春夏之间的一天，舒群暂住在民办的商报报馆。社长兼经理和总编同心协力，靠在市面活动，招揽商家广告度日。一天，傅天飞突然来到他面前。1932年11月，杨靖宇以满洲省委代理军委书记的身份，到南满游击区发展抗日武装。离开哈尔滨时，把傅天飞等人秘密带走。不久，傅天飞成为磐石游击队的一名领导人。傅天飞这次来哈尔滨除了有任务外，又与爱好文艺的舒群击手相约。天飞给他带来一份礼物——一部文学作品"腹稿"，这份"腹稿"是中共领导下的磐石游击队发展壮大的史诗。舒群知道天飞喜欢文学，且有文学才能，劝他保留着，以便将来从事创作，可是天飞却说："……咱们两个人，两份腹稿，要保险很多，万一你我一个……将来总能剩下一个人，一份腹稿……"他把磐石游击队的创建发展详详细细地讲给了舒群，讲了磐石游击队从小到大的发展过程，其中既有生动细腻、惊天动地的感人的战斗故事，也有可歌可泣的英雄人物事迹，他讲了一天一夜，舒群听了很受感动。为了保险起见，舒群又把天飞讲的内容原原本本地讲给了萧军、萧红听。萧军、萧红听了也非常感动，当即要求舒群再请天飞到他们家，重新讲一遍。就这样舒群又把天飞专诚请到二萧家，给他们做了长时间的复述。萧红后来在《生人》一文中指出："那个人是从磐石人民革命军里来的。""全是些很沉痛的谈话。"舒群忙于组织的工作，一直未能将傅天飞的"腹稿"写成作品发表。后来萧军根据傅天飞的"腹稿"，开始写作《八月的乡村》。萧军在晚年曾说："《八月的乡村》是磐石游击队提供的真实材料，加上艺术的虚构和个人的军队生活体验。"舒群说："就连萧红的《生死场》所写的'革命军在磐石'也是沾其余光的。"

　　1933年10月，舒群帮助并资助萧军萧红出版小说。9月底萧军与萧红的第一本小说集《跋涉》定稿，官方不给印刷，只好千方百计筹款自行出版。舒群把在第三国际工作时节省下来的生活费、差旅费四十元钱，从妈妈手中要出，交给萧军。舒群还去《哈尔滨五日画报》社，找负责人王岐山做工作，暂时赊欠一部分印刷费出版。书样出来后，又帮助校对。这样《跋涉》于10月印刷了一千册。萧军为了感谢舒群,在《跋涉》书后记中说:"每当我同我的黑人君由印书局归家和去印书馆的途中,就要看到那些不成人形的乞丐……这个集子能印出,我只有默记黑人弟和幼宾兄的助力,这全是用不着在这里感谢的。"书一出版,社会反响很大。11月伪满《大同报》副刊《大同俱乐部》君锰写诗文赞颂《跋涉》,但日伪反动当局立即下令禁止发行。《跋涉》共收入十一篇文章,其中三郎六篇,悄吟五篇。3月,哈尔滨一片白色恐怖,日伪当局到处抓人,疯狂迫害进步作家和革命人士。由于这种危险的环境和复杂的斗争形势,舒群参加第三国际的特殊任务暴露身份,又与党组织失去联系,为寻找党组织和免遭毒手,他不得不在友人的帮助下离开哈尔滨。临走时,由于走得紧急,不能与父母告别,他给家里留下一封简短的信。第二天清晨,母亲在院子里薄薄的白雪下面发现了舒群留下的信。舒群来到青岛,当时青岛是北洋军阀统治着,海军司令沈鸿烈兼任市长。那时,德、日帝国主义势力在这里很强大,国民党特务只能半公开活动。当时东北逃亡青年和革命者,都以此地为避风港。舒群在这里通过同学介绍,认识了姓倪的中共地下党员,倪家将他安排住在青岛二区区公所。

舒群是1932年入党的老党员,是一位革命家,同时又是一位著名作家,是东北流亡作家的核心人物,也是东北流亡作家的灵魂人物。在长期的革命斗争和文学创作生涯中,历尽艰难,不屈不挠,孜孜不倦,赤胆忠心,为中国的解放和党的文艺事业立下不朽功勋。

舒群是我党优秀的革命文艺家。1931年九一八事变之后,他怀着强烈的爱国之心,参加了抗联前身的"东北义勇队",直接投身于反抗日本侵略者的斗争中,充分显示了他的爱国情操和民族气节。不久他接受党组织派遣,在哈尔滨等地参加第三国际中国组开展地下情报工作。1935年在上海参加左联,在此期间发表了小说《没有祖国的孩子》,这是舒群登上文坛的成名作,也是他的代表作,这篇小说孕育在哈尔滨,创作在青岛的监狱里,修改在烟台,发表在上海,在傅东华主编的全国性文学刊物《文学》第6卷第5期杂志上发表,后编入上海生活书店印刷发行的短篇小说集《没有祖国的孩子》中，1936年9月初版，1937年4月再版。这是他的第一篇有影响的小说，它标志着舒群从事专业文学创作的非凡肇始。从此，舒群一举成名，"舒群"笔名震动中国文坛。小说发表后，在文艺界引起强烈反响和轰动效应。梅如发表了专论《创作月评》（1936年6月5日《文学界》创刊号）。周扬在《现阶段的文学》（1936年6月25日《光明》第1卷第2号）一文中评价了这篇作品的时代意义："失去了土地，没有祖国的人们，这种种的主题，在目前有着特别重要的意义。最近露面的新进作家舒群，就是以他的健康而又朴素的风格，描写了很少被人注意的亡国孩子的故事，和正在被侵略中的为我们所遗忘了的蒙古族同胞的生活和挣扎，而得到成功的新鲜效果，成为我们的一个重要的期待。"周立波也对这篇小说给予充分肯定，他在《1936年小说创作的回顾——丰饶的一年间》中指出："舒群的《没有祖国的孩子》等艺术的成就上和反映时代的深度和跨度上，都逾越了我们的文学的一般标准，凭着这些新的力量的活动，1936年造成了文学上的一个新时代。"[①] 1937年它被沙蒙改编为剧本，后又被改成连环画，俄文、朝鲜文都有过译本。后来笔者在广西壮族自治区图书馆的一本抗战杂志上，看到舒群的小说《没有祖国的孩子》被改编成剧本，并在桂林被搬上舞台。也被选入1921年到1937年《儿童文学选集》中，由少年儿童出版社于1961年10月出版。中国社会科学院文学研究所现代文学研究室编，1981年由人民文学出版社出版的《中国现代短篇小说选集》也选入了这篇小说。此后，直到1937年七七事变前一年多时间里，舒群写了二十多篇短篇小说，分别收入《没有祖国的孩子》（九篇）、《战地》（十四篇）两个短篇集中，还写了两篇中篇小说《老兵》和《秘密的故事》，及散文、长短诗等，加在一起共三十多万字，这是舒群文学创作最旺盛的时期之一。舒群的小说以其爱国主义

---

① 周立波. 1936年小说创作的回顾——丰饶的一年间 [J]. 光明, 1936（2）.

和国际主义的思想光辉，在抗战初期，在全国文坛引起关注，他也因此成为20世纪30年代引人注目的新锐作家。流亡时期，是舒群小说创作最辉煌的阶段，从而也奠定了他在中国文学史中的地位。

1937年，他受中央委派陪同作家周立波和美国进步作家史沫特莱一起深入山西八路军总部进行采访，采访了朱德总司令、彭德怀副总司令等八路军的高级将领。在此期间，他还担任了朱德总司令的秘书。1938年2月，他受八路军政治部主任任弼时委派，到武汉与作家丁玲一起创办了抗日刊物《战地》。1940年，党派他回到延安，担任"鲁艺"文学系教员。1942年任延安《解放日报》"文艺栏"主编。他协助毛泽东筹备召开延安文艺座谈会，并草拟参加座谈会人员名单。在办报期间，毛泽东还为他主持的副刊约稿。在他任职期间，他在《解放日报》上刊发了马烽、孙犁、贺敬之、冯牧等一大批日后在新中国当代文学史上具有深远意义和影响的作家的作品。

1945年之后，他受党中央及周恩来委派，率领由"鲁艺"师生等组成的东北文艺工作团奔赴东北，在中共中央东北局宣传部部长凯丰的直接领导下，任中共中央东北局宣传部文委副主任、机关党委书记。参与组织领导筹建了东北大学（今东北师范大学，下同）之后，他领导接收"满洲映画株式会社"（长春电影制片厂前身，下同）电影制片厂，并组织了这个电影制片厂搬迁。他担任东北电影制片厂第一任厂长、东北文联副主席等领导职务。他是东北解放区革命文艺事业的开拓者、组织者和领导者。

新中国成立初期是舒群文学创作的另一个重要时期。这一时期，他创作了两部长篇小说，多篇中篇小说和短篇小说。1950年10月朝鲜战争爆发，他以作家和战地记者身份赴朝参战并采访，创作长篇小说《第三战役》、中篇小说《崔毅》以及大量的战地通讯作品。1952年任中国文联副秘书长、中国作家协会秘书长。1954年，根据中央要求作家要深入工厂、农村的指示，他来到冶金战线，在全国最大的钢铁基地鞍钢深入生活采访，创作了长篇小说《这一代人》。这部长篇小说采访在鞍山，创作在本溪，发表在上海和北京。这部长篇小说是以生气勃勃的社会主义冶金战线建设为背景，小说结构严谨，人物性格鲜明，语言生动练达，是一部反映新中国冶金战线的优秀长篇小说，受到读者普遍好评。由于政治运动，1955年被错误打成"舒、罗、白反党小集团"。1958年被定为"反党分子"，下放到辽宁省本溪市，蒙受不白之冤，走过了坎坷的二十年历程。那时候，小说不能写了，他就拿起笔来，坚持收集整理学术著作。他胸怀坦白，光明磊落，表里如一，对革命坚定不移，对困难从不畏惧，始终满怀革命的乐观主义精神，无论是"文革"挨批，还是下放到农村，或是生活在艰苦的矿区里，他都意志坚定，从不气馁，始终紧握他那挚爱一生的笔，坚持研究，坚持创作。

1978年他得到彻底平反，1979年回到北京，担任中国作家协会顾问，被选为政协第五、六、七届全国委员会委员。在新的历史时期，他焕发了青春，为了把失去的时间补回来，他抓紧一切时间，不顾年老体弱多病，怀着强烈的创作欲望，创作了一百多万字的文学作品。代表作品《少年chen女》获1981年全国短篇小说文学奖。这篇小说是在《人民文学》第4期（总第259期）发表的。小说发表之后，好评如潮。著名作家孙犁评论说："他（舒群）写的并不是什么所谓重大的题材，也不是奇特的惊人案件，它不是边疆风光、异国情调，他所写的简直可以说，是到处可以见得到的生活，是宿舍见闻，是身边的琐事，是就地取材。但以他对生活的细密观察，充分认识，深刻感受，就孕育了当代生活中的一个重大主题，一个震撼人心的故事，一个大量存在而急需解决的社会问题。"孙犁还对小说的语言做了精辟的论述："他的语言，采取了长段排比，上下骈偶，新旧词并用，有时运用寓谐于庄，声东击西，真假相伴，抑扬顿挫，变化无穷的手法，这种手法，兼并中西，活跃古今，形成了一种富有生活内容和奇好思路、感染力很强的语言艺术。这是作家研究吸取了外国古典文学语言，特别是中国的辞赋、小说、话本，以及民间演唱材料的结果。"

对于这篇小说的创作，舒群费尽心血，几易其稿，曾跟《人民文学》通了十几封信，谈这篇小说的创作与修改问题。关于这篇小说，舒群不无感慨地说它"无处不是脑筋，无处不是结构"。

纪实性中篇小说集《毛泽东故事》也普遍受到好评。短篇小说《美女陈情》发表之后，曾转载于《小说月报》（1983年第1期），并见若干评论：陈企霞《人定胜天，党定胜天——舒群小说〈美女陈情〉读后》（《天津日报》《文艺》双月刊，1982年第6期），鲍昌《思想深邃，文笔旷达——舒群短篇小说〈美女陈情〉读后》（《天津日报》1983年1月10日），郭志刚《新的呐喊——读〈美女陈情〉》（《中国青年报》1983年1月13日），张重宪《快语叠璧妙字联珠的语言艺术——从〈美女陈情〉的语言特色谈及小说语言》（《天津日报》《文艺》双月刊，1983年第2期）等。另有较多读者来信，除赞语之外，还指出两处差误：一是原文"大队的党支部书记"改为"区干部"，二是原文"泪囊"改为"泪腺"等，均于此致以敬意谢意。

舒群的一生是革命的一生，也是文学创作的一生。他在多个文学题材上进行过写作尝试，他写过诗歌，写过报告文学，写过短篇小说，写过中篇小说，写过长篇小说，也创作过剧本，对文学理论研究也颇有建树。他担任过战地记者，报纸副刊主编，杂志主编，在延安鲁艺，他还担任文学系主任。在东北他任东北大学副校长，建校期间他是实际的领导者，他接收了"满映"出任东北电影制片厂第一任厂长，他又任东北大型时事杂志《知识》的主编，他还任东北文协副主任、东北文联副主席、中国文联副秘书长、中国作家协会秘书长等职。大量的行政工作压得他喘不过气来，但他还是挤出时间与文字打交道，与文学结缘。经历了"文革"浩劫，尽管他已年岁很大体弱多病，但他还是以一个老战士的精神，孜孜不倦地在文学的道路上踽踽前行，又创作出一批文学作品，如短篇小说《谁说是梦》载于《人民文学》1984年第8期。短篇小说《诞》载于《人民日报》。短篇小说《胜似春光》载于《新观察》1984年第16期。短篇小说《黄河之女》

发表。1982年1月12日，舒群为自己的文集自序："于浩瀚的时海，飙口浪尖，风驰电掣，随波流逝五十个写作年头，而今区区文集，何足为序。但愿声明，凡文集文，一仍其旧，所有缺点错误，亦未改正，聊以存真耳。一向求真，我曾说过这样的真话，当今之世，大致如此：在生时，作品多以作家的命运为命运，而在死后若干年，作家却以作品的命运为命运，或各有各的命运。后人铁面，历史无私。谨以《这一代人》《少年chen女》等卷的序语为序，足矣。"刘绍棠的随笔《灯下随感录》刊于《启明》第2期。后收录短论集《我与乡土文学》。文中对青年作家提出了批评和希望，对中青年作家进行了剖析。在画龙点睛地介绍了舒群、萧军、端木蕻良、骆宾基和几位老作家的作品、人品等方面的特点后说："老作家老了，精力上比不过年轻人，不能在文坛上打比赛了，但是，他们都能以他们那数量虽少而质量极高的作品做表演赛，使我们晚辈人一饱眼福，用心观摩，一招一式学到功力。"

纵观舒群的文学作品，首先是他作品的时代性，无论是《没有祖国的孩子》还是长篇小说《这一代人》《第三战役》以及中篇小说《老兵》《秘密的故事》《一个美国人》等，短篇小说《少年chen女》《醒》《合欢篇》《美女陈情》以及短篇小说集《毛泽东故事》等，作品里的人物，在我们的生活里，几乎都能找到原型。因此，我们说舒群的小说，几乎每一篇都打上了时代的烙印。虽然还不能说他的小说反映了中国那个时代最典型、最伟大、最波澜壮阔、最气势磅礴的历史画卷，但能肯定的一点是反映了那个时代有血有肉、可歌可泣、感人至深、辉煌的历史瞬间或者是一段历史截面。舒群属于那个伟大时代，他的作品属于那个伟大时代，对于今天的人来说，要想学习历史，捷径就是找来舒群等老作家的作品一读，从而感受那个时代先辈们血雨腥风、前赴后继、英勇顽强斗争的事迹，感受那一代人崭新的精神风貌和高尚的人格魅力，感受我们中华民族的铮铮铁骨和那激情燃烧的岁月。也因为这些作家作品的时代性，才有了作家在文学史中的位置。如今，这些老作家虽然都已经驾鹤西去了，但是，他们的作品还活着，活在文字里，活在我们的记忆里，至少今天我们中国文学史里还可以看到那些作品的身影。让我们向那些作家致敬。

其次，舒群作品的思想性使他的每一篇作品中都有了灵魂，让人感觉舒群小说的每一篇作品中的人物是活的，有血有肉，他就是我们身边的人，是战友，是同事，是邻里大嫂，是乡间小妹，等等。他出席本溪市文联举办的纪念《在延安文艺座谈会上的讲话》发表二十周年座谈会并发言："回顾二十年前参加延安文艺座谈会的前后经过以及创作实践，我有深刻体会：任何时候都要把深入生活、改造思想摆在技巧前面，不能平列。在这个前提下，业余作者还要多多学习古今中外名著来丰富自己，如《红楼梦》里中国式的表现心理方法，《水浒传》描写人物的特点，等等，学得多了，慢慢就会应用到写作上去，自己的作品也得到了提高。因而，生活、思想、技巧是产生优秀作品的不可缺少的条件。"

再次，舒群小说创作中的结构运用，应该说，在他的小说里，结构运用经常可见，他一生在小说创作中，最重视小说结构的运用，特别在讲小说创作中，他也开口闭口讲的都是结构。他曾讲过结构课。他认为，要创作一篇好的小说，结构也是极重要的一环。与业余作者谈创作问题时说："一、结构，结构好不好，不能决定文章好不好，但结构好不好，可以决定文章的成败。二、一点，文艺作品里的那一点东西，不见得在作品中起决定重要意义，也不见得是很大个东西，有时很小的，但它只能在情绪上可以感染你。做到这一点，就行。三、第一章，长篇小说的第一章是整个作品的堆、底，或者基。以后的若干章与此都有关系的。能不能成，都是可以看得出来的。特别是以后的各个事件、人物，都要与此有关。四、写短的，你们现在写东西，要写短的，就写一件事，一个主题，一种感情，明朗些，就可以。不要写长的，一写长的，你就没有法掌握了，看不出问题。人家许多作家一辈子都是在写短的，你们为什么就不能呢？"

舒群是中国现代文学史上一个杰出的小说家。他呐喊歌哭，勇开先河的抗日小说是20世纪东北文学的高端创作，他在各个历史时期的精彩创作，是中国现代文学史上难能可贵的佳作。这里我们指的是《没有祖国的孩子》《老兵》《崔毅》《战地》等长、中、短篇小说，以及短篇小说集《我的女教师》，也涵纳他此后的《这一代人》《毛泽东故事》等全部作品。纵观舒群的文学创作履迹，我们欣喜地看到，他的小说一直与中国人民的解放、中华民族的复兴和中国梦的追寻联系在一起；关注时代的脉动，倾听历史的涛声，伴随着他创作的全程和生命的始终。从二十二岁成名作《没有祖国的孩子》的一鸣惊人，到七十多岁压卷之作《少年chen女》的艺术绝响，在几十年的创作生涯中，他向中国现当代文学奉献了四卷文集，三百万字的作品。这里，既有控诉法西斯侵略罪行的悲壮呐喊，也有气壮山河的民族救亡宣言；既有国际进步力量团结战斗的时代镜像，也有各族人民奋勇杀敌的历史写真；既有战争状态对人性制约与扭曲的透视，也有对民族败类醉生梦死的愤怒宣判；还有新一代人构建钢城的雄伟英姿，工人阶级坦荡心路的另类历史……走进他的作品，中国大地风雨如晦，北疆边城战云飞腾，镜泊湖畔暗月如钩，松花江边落日熔金，十里钢城飞花点翠，太子河上战歌飞扬……那烽火连天的殊死决斗，旧貌新颜的巨变沧桑，回响耳畔，腾挪眼前，使我们沉思，让我们震撼。我们不能不心折于作家对抗日小说的宝贵开拓，对领袖人物的细致描写，对新中国工业历史的精确描摹，这些，无疑都是他对中国现当代文学的贡献。应该看到，舒群，这位中国现当代文学史上的传奇人物，20世纪30年代冲上文坛的满族作家，他的文学创作是多元化的，他的文学贡献是多方面的。他既是一个以优秀的小说创作丰富了左翼文坛的革命作家、卓有贡献的现当代作家，又是东北新文学事业的勇敢开拓者和新中国文学事业的杰出组织家。这里，我们不该遗忘的是：首先，舒群是最早将党的思想理论和路线方针带给东北青年作家的人，团结一批文学青年冲出围城，在夜幕下的哈尔滨构建了东北流亡作家的雏形。从某种意义上说，舒群是东北流亡作家当之无愧的实际缔造者，核心组织者，团队带头人之一。其次，他是延安新文学的积极组织者和参与者，为解放区文学的发展和繁荣，为青年作家的创作和成长，付出了无数心血和力量。在延安的金色岁月，舒群主编《解放日报》文艺副刊，担任文艺部副部长，后来又在"鲁艺"任文学系主任，后调"文抗"工作，被称为"一手拿枪，一手拿笔"的革命作家。他与毛主席数十次交谈，协助毛主席搜集了大量资料，进行了多次调研，为延安文艺座谈会的召开做了许多准备工作。此外，舒群还是东北新文学的开拓者和领导者，是中国文联和中国作协的早期领导者，为东北文学和中国文学的当代发展做出了人所共知的贡献。抗战胜利后，他率领东北文艺工作团返回阔别多年的东北，任东北文委副书记、东北文联副主席、东北大学副校长、东北电影制片厂厂长等职务。这以后，在东北做文化教育部门的领导工作，为东北文化教育事业的发展做出了重要贡献。后来又在北京担任中国文联、中国作协的秘书长，为中国当代文学事业呕心沥血，殚精竭虑，奉献自己。这些，都载入了当代文学的史册，为学术界所认同。

倔强与执着

周建新

一

少不更事，这是对舒群最初的印象，仅仅是印象。

那时候，我还是高一的学生，读了些许小说，也发表了点叫作小说的东西，就不知天高地厚了，犯了书生意气的毛病，居然认为革命与文学属于两个概念。也难怪，20世纪80年代初，思想解放让新的文学样式异彩纷呈，传统与现代碰撞激荡，理想与存在相互抵牾，我有些目不暇接了，完全摧毁了我以往有限的阅读经验，肤浅地感觉到文学只在当下，只有叛逆与反思。

二十岁之前，我正是从少年到青年的叛逆期，对文学的传承也有着一种叛逆，读时尚的欧美文学，关注的是各种文学期刊的现在进行时，尤其是每年一度的全国优秀中短篇小说奖。对那些当红作家的简介也很留意，尤其是作家的年龄，获奖的作家大多三四十岁，几乎没有超过五十岁的。于是，头脑中便产生一种概念，好像五十岁之后，作家的创造力就会日薄西山，多有名气的作家也不会再产生什么扛鼎之作，不值得一读了，好像自己永远年轻，不会有现如今的五十岁。

这种肤浅认知，在不久后的一次阅读中被彻底粉碎了，原因就是舒群。

1981年，全国优秀中短篇小说奖评到了第五年。每一年，我都会买一本获奖作品集，然后仔细研读。看到舒群的名字时，我很吃惊，像看到了古董。在我的印象中，舒群与萧军、萧红属于20世纪30年代，是遥远的东北流亡作家中的一员。受到所谓先锋评论家的蛊惑，我的阅读视野徜徉在海派与京派的作家间，从而也忽略了对那一代东北流亡作家的阅读。

我是用年轻的眼睛阅读《少年chen女》的，尽管我从文字中阅读出了一种历经沧桑的眼光，可那种睿智，灵动，依然让我无法相信是位年近古稀的作家的手笔。敏锐的现实生活思考，日记体的创作结构，从容老辣而又不失灵动的叙述，还有抽丝剥茧般的对少年chen女疑问式探究的写作技巧，这些，让我豁然开朗，顿感姜还是老的辣。

那一阶段，我醉心于研究和学习孙犁、王蒙、刘绍棠、汪曾祺，读过《少年chen女》，我忽然有一种阅读本土作家的冲动，毕竟舒群是从辽宁走出去的，我还缺乏对本土作家的学习与了解。孙犁写白洋淀，刘绍棠写大运河，汪曾祺写苏北，可作家怎样写东北，我却一无所知。我身边的作家，时任锦州文联主席李惠文指点我，不妨读一读《呼兰河传》《八月的乡村》，还有《没有祖国的孩子》。

惰性使我选择了《没有祖国的孩子》，因为前两部是长篇小说，需要阅读时间，舒群的这篇是个短篇。

于是，二十岁的我，与二十岁的舒群在文字里碰撞了。

认真读下来，我便为我的浅薄而羞愧了。我感觉到，无论深度和阔度，还是构思的精巧、语言的灵魂，都不亚于都德的《最后一课》，尤其是把失去祖国的朝鲜孩子作为着墨点，虽没有描写即将失去祖国的我们，强烈的艺术震撼力已经跃然纸上。

同样是写孩子，年老的舒群让我们记住了青春，年轻的舒群让我们记住了永恒。这两篇作品一个是轰动20世纪30年代文坛的代表之作，一个是80年代再度迸发的收官之作，跨度达半个世纪。

2015年正值抗日战争胜利70周年，我们有必要重温《没有祖国的孩子》，重温20世纪30年代中国的高峰，重温这部"国防文学"代表作。

应该说，1934年舒群写于狱中的这篇小说，选择了一个让人意想不到的切入角，以朝鲜、中国、苏联三个国家的文化为交融点，面对侵略者——日寇的不同心理变化，生动、形象地阐明"祖国"的深刻内涵和意义。小说语言洗练，叙述从容，细节精致，意境深远，经过半个世纪的历练，艺术感染力依然不减，反倒成为一坛陈年老酒，醇厚绵长。那种零度的叙述方式，不动声色的情节推动，对速度、力度、长度恰如其分的把握，至今还影响我的创作。

当然，令我最难以忘怀的还是对人物命运的把握。小说的主人公果里是一个父亲被日寇杀害，逃到中国的朝鲜孩子。同在哈尔滨中东铁路子弟学校读书的朝、中、苏三个国家孩子友好交往。苏联孩子果里沙，因为身后有十月革命后的苏联这个强大祖国，无忧虑，极活泼，开始他瞧不起沉闷寡言的朝鲜孩子。而果里由朝鲜逃到中国为的是不再过妈妈所说的"猪的生活"，孰料九一八事变，日寇铁蹄蹂躏东北人民，朝鲜男孩儿果里不甘心、不屈服，在他被迫去为日寇当劳工、受尽折磨时，竟用一把切面包的尖刀刺进一个魔鬼的胸腔。这不仅是反映了朝鲜人民的硬骨头性格，也展现出东北人民、一切被压迫民族不屈的反抗精神。通过果里的经历，作者"我"这个中国孩子也深切认识到了"祖国"的力量，深记苏联女教师的话——"将来要在你们的国土上插起你祖国的旗，这是你们的责任。"

为了这份责任，为了在祖国的土地上"插上祖国的旗"，年轻的舒群投入了抗日救亡运动。如鲁迅所说，舒群是"用笔和舌将沦为异族的奴隶之苦，告诉大家"。《没有祖国的孩子》是他的发轫之作，从此，他的救亡文学创作一发不可收。

二

当然，这种责任与舒群的经历密不可分。

舒群的经历，让我曾经颠覆过来的观念重新颠覆回来，重新审视革命文学之后，我又有了新的认知和发现。舒群的一生可谓跌宕起伏，命运多舛，却始终坚韧不拔。如果一一道来，恐怕是一部书也写不尽，区区五六千字，无法概括舒群，只能片段似的回忆他生命历程中的节点，窥斑见豹，以便明了他的性格与追求。

片段一：生于斯。

1913年9月20日，黑龙江省阿城县一个满族镶黄旗家庭诞生了一个黝黑的小男孩儿，充满欢乐的李家，在生得三个女孩儿之后，终于迎来一个男孩儿的降生，为这个贫寒的家庭带来了希望，这个名叫李春阳的男孩儿，就是后来叫李书堂的舒群。

片段二：求学。

七岁，深受满族民间文学影响的舒群，一上学就表现出了超常的文学天赋，古典诗词、现代故事倒背如流，听来的快板与顺口溜一转身就能表演给自己的家人与同学，立刻成为学生中的佼佼者。

即使如此，一年后，只因家里无钱做校服，舒群被学校以有碍校容为名逐出了校园。倔强的性格，在年少的舒群身上已经鲜明地体现出来，因为穷困受歧视，在他幼小的心灵里扎下了深深的烙印。他没有因为校服让父母和年迈的祖母为难，坚强地炒了学校的鱿鱼。

不久，举家迁至珠河的一面坡镇，珠河第二小学读书不要求必须穿校服，他便入学于此。冬天，很快就来了。因为没钱买棉鞋，他的脚严重冻伤，溃烂化脓，休养了一年多，方得以继续上学。十三岁小学毕业，实际上只念了三年半，他依然是以优异的成绩毕业。语文老师喜欢他，认为他将来一定是个人才，给他起了个新名字——李旭东，寓意他的人生像旭日东升。

片段三：启蒙。

十四岁，以第八名的成绩考取了哈尔滨一中，被编入俄语班。可家里太穷，缴不起学杂费，只读了一个半月，他就被取消了学籍。家里的贫困，让他从小就学会了担当，每天清早赤脚上山砍柴，爬遍一面坡的山山岭岭，担着柴送到街市时，手腿被刺得鲜血淋漓，可数着手中赚下的几文钱，他还是很高兴，能够补贴家用了。

有人心疼他，送他到镇里的一家扎彩铺当学徒，为丧家扎制金童玉女和各种牲畜，活计虽累，舒群干得挺欢，他把各种扎活当成艺术，劳动本身就是创造审美。他原想在这里长期做下去，可是老板刁钻狠毒，总是找碴儿打人，克扣工钱。舒群犯了倔脾气，替大家抱打不平，只好结束了学徒生涯，重新回到山里砍柴。

那个叫果里的朝鲜孩子，就是他上山砍柴时结识的。果里的父亲因抗日而牺牲，果里流亡到了中国，也就是后来舒群《没有祖国的孩子》的真实原型。果里为舒群引见了苏联教师周云谢克列娃，也就是《没有祖国的孩子》女先生苏多瓦的原型。在苏联女教师的斡旋下，舒群进了中东铁路苏联子弟第十一中学读书。在这里，他接触了俄罗斯文学、共产主义思想，形成了他最初的世界观。

此后，虽因不是俄籍学生被赶出了学校，却辗转又读了两所中学，至十七岁初中毕业时，已遍读古今中外文学名著，接触到各种新思想，并一度就读于哈尔滨东北商船学校，深受冯仲云等共产党员影响，开始在进步报刊上发表作品，并与萧军、罗烽结成文友。

片段四：革命。

1931年九一八事变，舒群全家搬迁至哈尔滨，几乎沦落为乞丐，靠年迈的父亲在街头摆烟摊为生，年满十八岁的舒群每月六十元翻译工作的工资是全家最大的一笔收入。可是，他却愤然弃笔从戎，参加了哈尔滨抗日义勇军。

1932年3月，经同学陈世卿介绍，舒群参加了第三国际，成为一个中国情报站的组织者，年底被任命为第三国际洮南情报站站长，广泛接触社会各阶层，搜集日军火力分布和军事设施情报。9 月，因工作出色，秘密加入中国共产党。他以《哈尔滨五日画报》分销处为掩护，团结塞克、萧红、萧军、罗烽、白朗等一批左翼文学青年，创作一批抗日文学。此时，他自己的创作也渐入佳境，以黑人为笔名，在报刊上发表进步文学作品。哈尔滨洪灾，他和大家一起营救陷入困顿中的萧红，将自己做情报工作的活动经费省下来，本来要给在洪灾后讨饭的母亲，可是，他慷慨解囊全部资助萧红、萧军出版了第一部小说集《跋涉》。他给萧军、萧红讲述磐石游击队的抗日故事，为他们后来创作《八月的乡村》和《生死场》提供了丰富的素材。事实上，年轻的舒群，已经成了东北流亡作家雏形的思想引导者与组织引领者。

1934 年年初，哈尔滨陷入更加严重的白色恐怖，日伪军到处抓人，满洲省地下党组织遭受严重的破坏，舒群与组织失去了联系，同时他的身份也暴露了，夜深时，只在家中的院子里丢下一封便函，便匆匆离开哈尔滨，奔赴青岛。刚安顿下来，便去信约来萧军、萧红夫妇。在青岛的半年，两人分别完成了《八月的乡村》《生死场》。秋，青岛地下党组织由于叛徒告密，遭到严重破坏。在国民党蓝衣社的一次大搜捕中，舒群和革命党人倪家兄妹均未能幸免。由于敌人未掌握他的真实身份和在哈尔滨的活动情况，及至年底，他被释放了。在狱中，他写下了中篇小说《没有祖国的孩子》。

青岛，成为东北流亡作家名著的诞生地。

第二年春，几经周折，舒群来到上海，与众多东北流亡作家一起加入了左翼作家联盟，并于年底恢复了党的组织关系。1936 年《文学大众》第 1 期发表《没有祖国的孩子》时，第一次用舒群的笔名，为"舒解群众苦难"之意。从此，舒群的名字伴随他终生。

片段五：八路军。

1937 年上海八一三事变后，党组织将上海革命文化人组成两队撤退。舒群开始随一队前往重庆，后因工作需要，改与二队周扬、艾思奇等人前往延安。路经西安八路军办事处时，又受林伯渠委派，赴山西前线，在八路军司令部担任朱德总司令的秘书。他还以总部随军记者的身份，参加了著名的平型关战斗，同周立波、美国女作家史沫特莱一起进行战地采访。他撰写的《写在太线上》《记史沫特莱》等十六篇作品陆续发表，并于1938年6月由上海出版了战地丛书第六册《西线随征记》一书。

1938年2月，舒群去武汉，与丁玲共同创办《战地》文艺刊物。七八月间，从武汉撤至桂林时，他受桂林八路军办事处负责人李克农派遣，为驻七星岩朝鲜义勇队做联络工作，并帮助他们演出了金昌满编写的话剧《朝鲜的女儿》。直到1940年，党组织才正式派他回到革命圣地延安。

1941年至1943年，舒群担任《解放日报》文艺副刊主编。在此期间，他与我党我军主要领导同志有着广泛接触，参与并协助毛泽东同志筹备了延安文艺座谈会。这一时期，舒群与毛泽东等老一辈革命家多次接触，得以当面聆听教诲，为他事后完成《毛泽东故事》积累了第一手资料。

片段六：回东北。

1945年抗战胜利后，党中央为了开辟东北的文艺工作，组织了一个以延安"鲁艺"为主的几十人的挺进东北文艺工作团，舒群任团长并率团奔赴东北。11月2日，历经两个月的跋涉才抵达沈阳。他们徒步跋涉，历时月余，过黄河，越长城，从南满到北满，接收日伪文化机构，开辟东北革命文艺工作。当回到阔别十二年的故乡时，舒群感慨万分。在1946年年初的《东北日报》上，他以《归来人》的文章表达了当时的心情。

回到故乡以后，他曾担任中共中央东北局宣传部文委副主任，领导创建了中华人民共和国第一个电影制片厂———东北电影制片厂并任厂长，担任过东北大学（今东北师范大学）副校长和东北文联副主席等职。

1950年，舒群奔赴抗美援朝战场，在第三十九军——一六师师部工作。其间,他撰写了长篇小说《第三战役》,可惜书稿未发表亦在"文革"中随作者遭浩劫。1951年,他任中国文联副秘书长、中国作协秘书长。

1952年,他转入冶金战线,再赴东北,为我国冶金战线恢复生产、发展建设做出贡献。在此期间,他创作了《这一代人》《在厂史以外》等反映冶金战线精神风貌的小说,还创作了抗美援朝题材的《崔毅》和《我的女教师》等多篇短篇小说。

三

片段几乎等于碎片,追忆的只不过是舒群生命历程的轮廓,投身革命,奔向延安,于每一个爱国的热血青年,都具有相似性。片段无法还原舒群的倔强与执着。真正革命者的性格,还在于革命胜利后,在误解与委屈中,是否还坚持革命的初衷。

很难想象,一个身体羸弱的人,面临三次被打倒,依然坚强、执着地坚守信仰,如果内心不强大,为人不坦荡,谁承受得住错误的批判,谁能走出人生的逆境?

天有不测风云,1955年反"胡风反党集团",舒群受到牵连,被下放到鞍钢深入生活去了。虽说是被冤枉了,他却坦然接受,正好借此机会深入生活第一线,与炼钢员工日夜生活在一起,充满激情地创作完成了长篇小说《这一代人》,并在1958年《收获》第1期上发表,作品的主人公,是一位同工人很好结合的女知识分子,形象鲜明,艺术完美,力透纸背。

1958年厄运又一次降临,舒群被定为"反党分子"。通知他的人不忍心将坏消息告诉他,请他到家里吃饭。正义、耿直、豪爽又机敏的舒群,看到满桌丰盛的饭菜,立刻意识到了问题的严重性,他坦率地说,请我来不单是为喝酒吧?有话直说。当他听到被开除党籍时,瞪圆火辣辣两眼,抓起酒杯一饮而尽,接着一杯又一杯自斟自饮,额头的汗珠和眼泪一齐落下。他是坚定的共产主义者,怎能忍受被开除党籍的屈辱。他连连喝下八九杯酒，扑通一声趴到桌上，如雷鸣般号啕大哭起来。

从此之后，他在家里放个小盒子，每月按时将党费放在那里。这位为祖国的独立和解放舍生忘死的老党员，仍然按照党性要求，履行自己的义务，直至平反之日，他便将小盒子里的党费一次性交给了组织。

"文革"期间，舒群的经历更是雪上加霜，一直下放到本溪的农村和矿山，即使如此，他依然坚持创作，《毛泽东故事》之一《枣园之宴》的初稿就是这个时期写成的。

1978年10月，舒群得到彻底平反，先后任本溪市文联副主席、中国作家协会顾问，虽说不久后病魔缠身，却迎来了他第三次创作高峰，其中包括他晚年的代表作《少年chen女》。他积累、创作几十年的《毛泽东故事》七十多万字的文稿，在惨遭浩劫后，硬是凭追忆重新补写出来。

时间对舒群来说，越来越宝贵了。就在他的第三部长篇《乡曲》还没问世的时候，1989年8月2日，舒群因病不幸在北京逝世，享年七十六岁。

我没有这个福分，像辽宁的许多作家那样聆听到舒群的教诲。然而，在舒群去世的二十年后，由于工作的关系，我的耳朵里依然灌满舒群的名字，东北流亡作家的灵魂人物，延安文艺工作的组织者，东北解放区文艺的领导者，等等。即使跌入命运的低谷，被下放到最底层，他依然是本溪一大批文学爱好者的良师益友，受益于他的本溪作家，至今仍对他交口称赞。

舒群生前在他的文集自序中说："在生时，作品多以作家的命运为命运，而在死后若干年，作家却以作品的命运为命运，或各有各的命运。后人铁面，历史无私。"

信然。

骆宾基的小说世界

谢淑玲

　　骆宾基的小说世界如同北方的秋天斑斓多彩。走进骆宾基的小说世界，如同置身于秋的原野：目染色彩之驳杂，品尝果实之甘美，让人流连忘返。

　　骆宾基是东北流亡作家的后起之秀。就当前各种文学史记载来看，他的地位排在萧红、萧军、端木蕻良之后，但是从质量来看，骆宾基的不少作品确实已经达到中国现代文学的一流水准。《中国现代文学史》（湖南师大版）认为骆宾基"是一位艺术成就较高的作家"①。赵园在《骆宾基在四十年代小说坛》一文中说："一时引人注目的东北流亡作家诸人，到了四十年代，路向、际遇就见出不同。萧红早逝，萧军西行，端木蕻良到写《新都花絮》《大江》，创作的势头已渐弱，不复写《科尔沁旗草原》《大地的海》时那样咄咄逼人。骆宾基原来并不'特出'，其创作生涯中也绝少戏剧性场面，到了这个时期，却在平稳的推进中显示出一种特色。"同样是在这篇文章中赵园还说，如果"把文学真正当作文学来研究"，"那么骆宾基多少可以看作是四十年代小说坛上的怪才"②。20 世纪 80 年代以后的

---

　　① 凌宇，颜雄，罗成琰. 中国现代文学史（修订本）[G]. 长沙：湖南师范大学出版社，1999：317。

　　② 赵园. 骆宾基在四十年代小说坛 [J]. 中国现代文学研究丛刊，1986（4）。

骆宾基研究者，也试图将骆宾基放在现代作家的平台上考量，而不局限于东北流亡作家，如韩文敏研究骆宾基的专著就叫《现代作家骆宾基》。

骆宾基（1917.2.12—1994.6.11），生于吉林省珲春县一个经营茶庄的小商人家庭。原名张璞君，笔名金戕（yáng，同"扬"）、张依吾、骆宾基，其中"金戕"是最早的一个笔名，1937年6月在尹庚主编的《群众新闻》文艺副刊上发表纪念高尔基逝世一周年的文章《永远活在我们心中》署用。"张依吾"是1936年5月在上海与鲁迅先生两次通信时的用名。"骆宾基"用得最多。此笔名源于骆宾基读唐代诗人骆宾王《在狱咏蝉》一诗后对骆宾王的景仰和对苏联文学家高尔基的一贯尊崇，曾为避免太明显而写作"骆滨基"，但用过几次感觉笔画太多，终将"滨"字减笔为"宾"。此外，张普君、金阳、金羽、一民也是骆宾基用过的笔名。

他童年时期经历了家里茶庄倒闭，少年时期经历了九一八事变，高小读书时受到革命熏陶。1934年到北平在中国大学和北京大学旁听，后到北京图书馆自学，其间辗转于北平、珲春、哈尔滨之间，接触了列夫·托尔斯泰、普希金、莫泊桑、契诃夫、高尔基等作家的作品。1935年，通过左翼文艺青年和中共地下党得知萧军萧红，打算在哈尔滨创办《艺蕾》杂志。1936年4月，因与日本教员发生冲突并被告密，被迫逃离哈尔滨，5月初抵上海，从此开始了他的流亡、救亡和不懈的文学创作生涯。

一、初登文坛的艰难起步
——与鲁迅擦肩而过的《边陲线上》

《边陲线上》是骆宾基的处女作，写作时骆宾基十九岁。作为一个流亡青年，他追随萧军萧红的足迹，也来到了上海，那是1936年5月。对于已确立了以文学艺术为武器，从事反帝反封建的革命宣传的人生目标①的骆宾基来说，能尽快发表一部长篇小说，像萧军萧红那样，在鲁迅帮助提携下出名，是他最大的愿望了。因为他当时不仅背井离乡，而且身无分文。骆宾基当时还不乏自信，因为他很早就接触了鲁迅、莎士比亚、狄更斯、普希金、莫泊桑、契诃夫、高尔基等的作品，在这些文学家中，他尤其喜欢契诃夫的写作风格，他觉得和自己所追求的风格很相似。萧军、萧红的《八月的乡村》和《生死场》的内容，骆宾基觉得自己也不陌生，也可以写。于是，1936年5月开始，骆宾基便开始写作长篇小说《边陲线上》。7月，骆宾基便寄信给鲁迅，请鲁迅看初稿开始的几章，是不是有出版的价值和希望。鲁迅先生当时已重病在身，但马上回信，大意是说因为是长篇小说，只看几章很难说什么，最好是全部完稿以后再说。9月，初稿即将完成，骆宾基又致信鲁迅，询问是否康复，可否看稿给以指教。鲁迅回信，大意是病情转重，咳嗽，气喘，目前不看什么东西了②。10月，鲁迅先生去世。可惜《边陲线上》与大师擦肩而过。这对初登文坛的年轻的骆宾基来说，无疑是一个重大打击。急难中，骆宾基将手稿寄给茅盾，茅盾的复信说："这将是一本有意义的书，从其中的'氛围气'，不难看出作者的笔力与未来……"茅盾的推荐并没有一次奏效，骆宾基充分体会了被约稿和被退稿的欣喜和无奈，有时被约见怀着欣喜的心情步行几十里，结果就是去接受退稿。几经周折，最终在茅盾、王任叔、巴金的鼎力相助下，《边陲线上》在1939年11月由上海文化生活出版社出版。后又分别于1942年、1947年、1950年和1984年多次再版。

《边陲线上》所选取的题材是活动在东北边陲的一支抗日救国军

---

① 骆宾基. 中国现代作家选集·骆宾基［M］. 北京：人民文学出版社，1994：220—221。

② 见骆宾基《关于我和鲁迅先生的两次通信——答复旦大学〈鲁迅日记〉注释组》，骆宾基当时用的笔名是张依吾，鲁迅的两次回信，均在保卫大上海的急行军中遗失了。

进行抗日斗争的艰难历程。这一题材是骆宾基在中学读书时接触到的。九一八事变之前，骆宾基在家乡县里高级小学读书，接触到从北京聘来的几位带着新学风和新思想的教师。九一八事变爆发后，全校停课，许多革命师生就参加了抗日救国军。骆宾基虽随父母下地务农没有参加抗日救国军，但他很熟悉那些师生，并间接知道许多他们的情况。在这部小说里，读者看到的是一支在恶劣环境中从事抗日斗争的鱼龙混杂的队伍。这支队伍成分复杂，有胡子，有学生，有商人，有苦力，有教师。经过两年的生死挣扎，一直等不到关内的援军，士兵几乎弹尽粮绝，所以牢骚满腹，抱怨骂娘。在这支本来就充满派系纠纷和土匪气息的队伍里，又畸形地滋长出通过各种渠道发了小财的上层腐败分子，作为救国军的领导层，对抗日救国早已心灰意冷，他们现在看重的是能否守住自己的利益，能否发财，以便过着与麻将女人为伴、想杀谁就杀谁的日子。这样的队伍当然最终走向溃散，而作家还是让正义力量的代表刘强率残部与朝鲜红党会合继续抗日。这一题材，在当时以至后来的抗战作品中，都不多见。这虽然不能决定作品的成功与否，因为作家都要选择自己熟悉的东西来写，但起码可以看出作家选材的别致。

　　从骆宾基创作《边陲线上》的初衷看，刘强是骆宾基要着意塑造的正面形象，因为一方面，骆宾基本身就是进步青年，想把东北人民抗日的精神传播到关内；另一方面，有萧军萧红的作品在前，它们都反映东北百姓奋起抗日，有着"拼一个够本儿，拼俩赚一个"的不怕死的野性和刚性。而且，《生死场》和《八月的乡村》里就没有孬种，在民族战争面前，即使是孬种也逼成了好汉。那么，作为初试创作的十九岁的作者，对自己的人物形象的定位还是不低的，他要把刘强塑造成一个在恶劣环境中磨炼出来的坚韧不拔的热血青年。所以读者面前就出现了一个具有民族正义感，心胸豁达，任何情况下都能自警、自省、自励、自觉抵制落后思想腐蚀的几近完美的壮志待酬的热血青年刘强的形象。这一形象体现了骆宾基当时的抗日信念和人生理想，也是骆宾基用来鼓舞抗日斗志的代言人。

这一人物性格的形成和发展在小说的上半部表现得还很客观，刘强投奔苇子沟义勇军，除了主观因素以外，还有两个客观因素：一个是为避日军的杀身之祸——因为他为被日军杀头示众的救国军战士收尸；另一个是因避祸跟父亲去乡下向朝鲜佃户收租而被朝鲜红党所捉，险些丧命。阅读这些情节，读者的感情跟着作品中人物的感情起伏，产生共鸣，感觉刘强也只有投奔苇子沟义勇军才是最佳选择。小说的下半部，也就是刘强性格发展的完成阶段，却显得过于单一而并不十分成功。苇子沟义勇军陷入困境只好投奔了沙坪坝救国军，刘强看到的全是令他失望的人和事了。刘司令不用说，最叫他感到异样的是他一直在心中敬佩的两个同学季伟刚和婉玲，作家用很多笔墨描写了刘强和季伟刚的对话，下半部刘强性格的塑造主要是在对话和心理描写中完成的，包括刘强与王四麻子和李会长的对话。恰恰是在这些对话中，刘强性格的发展被架空了，人性的东西越来越少，政治思想防线异常牢固，可谓刀枪不入。他的每次精神超越都是通过自己的思想斗争完成的，不靠任何外力。不仅如此，作者还有意把他放在足以使他灰心、动摇的环境中加以历练，欲以增强其正面感染力。但读者的阅读接受，总感到刘强"强"不起来，好像是作家硬把他放在"强"的位置一样。

细心的读者不难看出骆宾基在塑造这一形象时的政治责任感。现实的残酷和周围的阻力、诱惑，也曾经几次让刘强感到"扰乱"和"踌躇"，但作家马上用刘强的自我解剖终止这些想法。其实，刘强这一形象中，蕴含了作者的影子，本可以塑造得更丰满、更感人，骆宾基当时也完全具备这个能力。

骆宾基无意中成功刻画出了两个中间人物形象：救国军防卫队队副季伟刚和凌云阁鸦片零买所经理王四麻子。这两个形象塑造得相当丰满，倒是为《边陲线上》提供了更多的可读性。

季伟刚起初是一个积极投入抗战、不愿做奴隶的刚强的救亡者，但两年间，他看到刘司令发了财，从前的汪司令发了财，教师出身的关唯吾做了军法处长后发了财，他的同学也都塞满了腰包。发了财就能呼风唤雨，为所欲为，而他的腰包还是瘪的，连自己热恋的窑姐只要有三百元金票就能赎出都做不到。他觉得自己现在是"蹲在革命这个囚牢里"，有的只是苦痛。这个拿起了武器，却缺乏意志力的青年，终于禁不住个人私欲的鼓动，变得油滑而阴险，在腐朽思想的侵袭下举了白旗——为了钱，替日军炸毁了自己的火药库。这一形象真实可信，他表现出人性的复杂。人不是神，文学作品只有把人写成人才会打动读者。许多时候，作家刻意塑造的正面形象反而不如中间人物形象更感人就是这个道理。

王四麻子是个小商人形象，他是个山东移民。日军侵占了他的房子，反而以五千元偿款无理相逼，当他认定不可能与日本人以理相争、公平生存时便揭竿而起。他不缺少圆滑和机警，作为救国军战士，他曾被誉为"参谋"，也当过后备队司令，但他始终带着有产者的自私和偏狭，所以始终摆脱不了痛苦、摇摆。骆宾基在对这一形象的描写中，给予了几分对山东移民的偏爱之情，表现在作为流落异乡的山东移民，他有着超乎一般的民族同情心和正义感。为被日本人逼死的刘房东奔丧，他尽心竭力，不求回报；为受尽欺凌的老张讨公平求生存，他出于真心却又无能为力。这一形象的多面性，表现得丰富而鲜活，可称得上文学作品中的经典。

上述两个形象之所以塑造得鲜活生动，和骆宾基个人的生活经历有密切关系。特别是骆宾基的小茶商家庭出身和他父母都是山东移民，为他写王四麻子提供了不可替代的情感经历。

《边陲线上》与《八月的乡村》的不同之处在于骆宾基敏锐地发现了抗战初期东北一些地区的抗日武装鱼龙混杂，并对此进行了大胆的真实描写。在及时反映东北人民族气节的同时，揭示了抗日队伍的复杂性以及纯洁抗日队伍的必要性。这一点是难能可贵的。

从骆宾基创作第一篇小说时的思想来看，他的创作有比较明确的原初动力和文学追求：他要用文学艺术做宣传武器，描写落入侵略者魔掌的东北老家和那里的民族反抗。

在小说中，骆宾基的语言风格初露端倪，他对东北风土人情的叙述与描写，惟妙惟肖，叫人难忘。有些情节，东北人的阅读感受真的是如临其境、如见其人、如闻其声，这一点，将在对其《幼年》的阐释中详述。对《边陲线上》这部小说，杨义先生和韩文敏先生都从内容和写作特点方面给予了很高评价，也是恰当的。而作者自己的评价我觉得更客观。作者在《重读〈边陲线上〉有感》一文中这样总结自己的文学事业追求："我明确地认识到自己所献身的事业，根本不是什么无目的的文学艺术，文学艺术在我不过是一种借以求生的手段，另一方面却是有目的的，而它的目的是为了理想的共产主义社会的实现。就是说五十年代以前，是献身于民族与新民主主义革命，新中国成立以来是献身于祖国的社会主义建设。《边陲线上》是一九三六年鲁迅先生逝世以后完成的第一部长篇小说，它就是为民族主义革命斗争服务的一个具体例证。"①在谈到鲁迅先生和茅盾先生介绍并帮助东北流亡作家出书时，骆宾基说："鲁迅先生和茅盾先生，是从艺术的标准来看待东北流亡作者的作品吗？不是的！在描写上，茅盾先生只称赞过小说中的氛围气很浓。主要的还是从民族面临危亡关头的政治需要出发，是从它的政治意义和将会产生的社会效果来看问题的；而出版者的着眼点如果不完全在于营利和销路，那么当然也是着眼于作品的艺术的完美度。这或许就是鲁迅、茅盾两先生作为当代新写实主义的左翼阵营的统帅、副帅与出版界的主编人的不同处……出版者除了艺术方面的要求之外，往往还要看一个作者的过去；而鲁迅和茅盾两先生除了从政治方面衡量作品外，看到的却往往是一个青年作者的未来。因为这些新人的过去是一无所有，而作品又确有它的稚嫩处。"②这段话写于1981年3月18日，与《边陲线上》初版时间已相隔

① 骆宾基. 边陲线上 [M]. 长春：吉林人民出版社，1984。

② 骆宾基. 边陲线上 [M]. 长春：吉林人民出版社，1984。

近半个世纪，六十多岁的骆老回首自己十九岁时的处女作，评价应该是中肯和客观的。有意思的是，在这里，骆老似乎有意强调了《边陲线上》的完成时间"是一九三六年鲁迅先生逝世以后"，我觉得，"鲁迅先生逝世以后"这几个字里饱含骆老对《边陲线上》与鲁迅先生擦肩而过的难以抹除的遗憾之情！

二、小人物命运的真情书写
——骆宾基与抗战文学

骆宾基的创作紧随时代步伐，深刻地多角度地反映抗战时期各色人等的心路历程，为读者提供了别开生面的抗战文学作品。他是中国现代文学史上不可多得的颇有深度和独具特色的抗战文学作家。

对抗战文学创作的论述有这样一个观点，即国统区的抗战文学"把握民族解放的时代主题，使文学服务于战场，弘扬民族意识，功不可没。但另一方面，在注目于民族意识和群体意识的同时，忽略或冷淡了中国新文学现代化进程的另一主题——反封建的要求和民主意识的张扬，以及放弃文学创作个性和文学形态多样化的提倡，不能说不是一种缺点或不足"[1]。骆宾基抗战时期的小说创作，恰好是对这种缺点和不足的最好纠正和补充。可惜在现行文学史中没有这样的提法。郭志刚、孙中田在《中国现代文学史》中，提到东北流亡作家以往昔生活为题材的小说在揭露黑暗现实的同时，也着眼于鞭挞民族心态中的消极倾向，他们把抗战作为民族复兴的一个特殊契机加以认识，从现实发展趋向和时代情绪演化中寻找遏制民族兴旺发达的落后消极的文化倾向，并且把抗战视为民族自身变革改造的好时机。这应该算作对以往文学史较好的补充，可惜没有展开论述，只是点到为止。因为注重时代主题，所以骆宾基的大量作品，只有《边陲线上》

---

① 郭志刚，孙中田. 中国现代文学史（下）[G]. 北京：高等教育出版社，1993：14。

和报告文学集《大上海的一日》被选入文学史著作。其中，报告文学因其迅捷在同类作品之先而被肯定，《边陲线上》因其晚于东北作家萧军的同类作品《八月的乡村》而被说成步后尘之作。这样一来，骆宾基的绝大部分反映抗战时期大后方各色人等在大时代中心路历程的作品被埋没了。

骆宾基于1940年发表中篇小说《罪证》。小说控诉了日本帝国主义迫害中国无辜百姓的罪行。主人公吴占奎是北大法学院学生，他埋头读书，不闻政事。寒假回东北老家度假，却被作为政治嫌疑犯投入监狱。五年的铁窗生涯，使吴占奎精神受到严重摧残，被"赦"之后的吴占奎并未真正获得自由，日本宪兵队特务每天都盯梢，吴占奎百思不得被盯梢的理由，于是，本已脆弱的神经陷入极度恐惧，这种恐惧终于摧毁他的精神，在一个风雨交加之夜，他跑到房檐上，全然不认识父母亲和妹妹，并咬伤要抱他下来的父亲的手——他疯了。

骆宾基在《罪证》后记中说，在一些抗敌文化堡垒的地方，知识青年往往会遭遇吴占奎的命运。他说："疯子发疯的唯一理由，是以他自己的真实，恰恰碰触到社会的真实。"他揭示道："社会在找着强者碰击，在找着弱者做溃口，社会适合于不强不弱者生存。一切中庸主义者是不会发疯的，也不会灭亡的；一切市侩和市侩主义者，也不会发疯，也不会灭亡；一切最强者也不会发疯，因为他碰得过社会；而一切最弱者也不会发疯，因为早被压死了。因此，只有疯子从此走到发疯，也从此走到灭亡。因为他是强者，而又是弱者；他是弱者，然而又自以为强者。疯子是这社会这时代的恰好的牺牲者。"

鲁迅笔下的"狂人"对封建社会"吃人"本质的揭露是发人深省的；骆宾基笔下的疯人对日本帝国主义的控诉是撼人心魄的。好的文学作品往往有异曲同工之妙。

1941年，一部反映抗战期间部分文化人所处的尴尬境地的中篇《吴非有》问世了。吴非有出身于地主家庭，其父吸大烟家产败尽，地主没落的悲惨，孕育了吴非有大半生郁郁寡欢的性情。大学毕业后，他踌躇满志，创办了经济批判杂志，也一心想依靠朋友混个一官半职。但事与愿违，吴非有不仅与官场无缘，而且情场失意。小说用调侃的笔法，借一个苦闷中尚有所憧憬，既想挤入上流社会却又不能入流的青年水月镜花的恋爱故事，侧面透视出抗战期间省府军政要人和社会名流坐而论道、卑微庸俗的处世态度。这篇小说在人物刻画上颇显功力，特别是对话描写甚是精彩。

同年，骆宾基的《一个倔强的人》（又名《仇恨》或《胶东的"暴民"》）在茅盾主编的香港《笔谈》上连载。主人公高占峰曾是胶东乡间红枪会的领袖，仗义疏财人称"秦（琼）二爷托生的"。他自少嗜赌，欠下大笔赌债，便去当苦力偿还。后为逃避通缉南下投军，当了准尉特务长。日军入侵后，他率领农民奋起抗日。小说"没有停留在枪林弹雨的浮面渲染上，而是把江南的灾难和齐鲁的民气在广阔的视野中牵合起来，笔端蘸着传奇色彩和地方民俗色彩，从历史和文化的深处勾勒了中国人民在强敌侵凌面前倔强不驯、粗犷强悍的原始生命"[①]。小说主人公的"身世、行状、谈吐、做派之中，灌注了瓦岗寨、梁山泊的气质，灌注了甲午海战和义和团运动的仇恨，灌注了红枪会和洪门会党的野性，从而在一幕血气蒸腾的揭竿而起的传奇中，叠现出中国农民千古承袭的文化烙印和血迹斑斑的近代史烙印"[②]。

真正体现骆宾基抗战文学特点的当数1947年8月出版的《北望园的春天》。该集共收短篇小说十三篇。其主要内容归纳如下。

（一）反映东北籍官兵报国无门，怀念故乡的篇目有《贺大杰的家宅》《由于爱》等。

贺大杰，东北籍军官，曾参加过两次内战，因被革职在桂林赋闲，三年来闲得无聊导致心烦。每当提起东北老家的风土人情他就

---

① 杨义. 中国现代小说史（第3册）[M]. 北京：人民文学出版社，2001：299—300。

② 杨义. 中国现代小说史（第3册）[M]. 北京：人民文学出版社，2001：300—301。

异常兴奋，特别是提起当年作为指挥部副官和吴佩孚的军队作战的事，贺大杰就兴致勃勃，感叹自己的年轻好胜，沉浸在往昔的快乐中。但当年的风光已成为过去，如今的失意和无聊总使贺大杰陷入极度烦闷之中，他思念家乡，一筹莫展。"大家在这里混吧！反正没有一年半载的了，日本总要完了！"这就是这些革职军官安慰自己的话。《由于爱》的主人公郜浩然，出身于东北军阀家庭，毕业于东北讲武堂。年轻时憧憬美好的爱情，幻想将军的威权。抗战爆发以后，他以炮兵连上尉连长的身份，毅然告别妻子，奔赴江南前线。战斗中他多次受伤但每次痊愈都重返战场，可他几次提升的希望都因东北老上司的阵亡或被革职而破灭。他感到这个世界不公平，他看清了那些圆脸肥颈的人物并没有在战争中流过血，只是在陆军大学毕业期间找到了一种社会关系而已，自己永远属于杂牌军而被歧视。在因揭露后方修养院无视伤兵生命贪污贵重药品而遭受惨刑之后，他愤然做了匪首。郜浩然决心报复，斩尽杀绝那些"吃人骨头连声也听不见"的人！

《贺大杰的家宅》和《由于爱》揭示了军队上层政治腐败、派系倾轧等不合理现象，表现了作家敏锐的生活触觉和创作睿智。

（二）透视后方政府政治昏庸导致社会风气不正、老实人吃亏的令人寒心的社会现实。这部分内容以《一九四四年的事情》《一个坦白人的自述》《一个奉公守法的人》等为代表。《一九四四年的事情》里的袁大德，是一个政务训练班的书记，因物价飞涨，收入无法养家，势逼之下，做了一次抢匪，可又因心软被抓，判了死刑。《一个坦白人的自述》通过一个刚出校门的小职员的一次缉私遭遇，透视国统区当局税收制度不合理及税务机关借缉私而中饱私囊的黑暗现实。《一个奉公守法的人》中的刘逸民，是一个隶属农业部的农业研究所总务主任，因生活窘困，导致独子患病不得医治而死，妻子离他而去。因为奉公守法，他"自然没有额外的油水"，只好和他毫无生气的懒惰女一起过着暗淡无光的日子。同类作品还有《马小贵和牛连长》《张宝洛的回忆》《老爷们的故事》《红玻璃的故事》等。此类作品反映了骆宾基高度的改造社会的责任心和使命感。

（三）反映抗战期间国统区大后方知识分子孤寂、窘困、百无聊赖的灰暗生活。这部分内容以与小说集同名的短篇小说《北望园的春天》为代表。北望园里住着一群知识分子，有画家、政论家、教育家。他们或终日沉湎于无法实现的艺术构思中，或以背地里对妇女评头论足为乐趣，或安于养鸡做饭的家庭琐事。他们自卑而又自尊，被生活削磨了锐气，沉溺于平庸卑琐的泥淖里。对骆宾基的这类作品，《现代作家骆宾基》的作者韩文敏有非常恰当的评价："作者以饱含同情的笔触揭示了他的主人公们的苦衷，隐约地将那磨损、锈蚀人的新鲜活力的罪责归诸日本帝国主义的入侵和国民党的反动与腐朽。"这些作品虽然没有对主人公的萎靡提出批判，也无治疗的良方，但能揭示现象、提出问题，并将自己的美学评价熔铸于形象描绘之中，表现当时知识分子静态人生的心路历程，已具有深刻的历史和现实意义。

纵观骆宾基抗战时期的文学创作，深感其与抗战文学的紧密联系。讲述抗日斗争，笔尖滴着血；痛斥军国罪行，心头埋着恨；揭示社会黑暗，笔锋闪着光；感叹生命孤独，心中充满怨。有些作品虽然没有直接表现抗战，却可以称得上意义更深的抗战文学。就个体作家作品题材的多样性和揭示现实的深广度而言，骆宾基实属独具特色的抗战文学作家。

三、民族文化和地域风情的细心描绘
——未完成的《姜步畏家史》

20世纪40年代，骆宾基原打算一口气完成他的《姜步畏家史》，从"五四"前一直写到抗战爆发，这将是主人公幼年、少年、青年的三部曲，通过写一个家庭的变迁和一个人的成长，揭示时代和地域风貌。《幼年》（又名"混沌"）1944年问世于重庆；两年后，《少年》

（又名"氤氲"）最初几章在上海《侨声日报》连载，而全书未及完成；《青年》（又名"黎明"）未及着手，作者便又一次身陷囹圄了。一个宏大的创作构思就这样告终。现在能看到的版本多为《幼年》单行本，少见的有北京十月文艺出版社出版的《混沌初开》，其目录呈现的是：第一部《幼年》，第二部《少年》。

与中国现代文学史上诸多以讲述小城故事见长的作家不同，在《幼年》和《少年》两部作品中，骆宾基没有从文化批判的角度揭示故乡珲春的落后意识和封建习俗，而是从地理和历史的角度着眼，聚焦民族文化，细心描绘小城生活的诸多细节，选取家庭日常起居和小城各民族居民生存交往这一核心意象，利用混沌初开的幼年视角，让读者看到和体味了东北满、汉、回、朝鲜等多民族杂居共处的三等小县城的社会风貌和地域风俗。小说文笔轻柔，浅吟低唱，融时代变迁、民族交会和地域风俗于一体，为读者提供了感同身受的审美体验。

自周作人的"人的文学""平民文学"口号提出后，文学创作的重心下移，普通人的日常生活受到关注，民间生活习俗一度成为流行话题，诸多风俗文化内容成为文学作品反映人生、观照社会的切入口。但在诸多乡土作家的笔下，风俗文化几乎成了落后文化的代名词，作家的创作主旨是"以深重的忧患为情感基调，以理性批判意识和中国文化重建的史识观照乡土中国亟待改造的一面"[1]。

1939年年底，时任新四军军部文委黄源自皖南来信相邀，意在让骆宾基以文艺形式反映陈毅"梅花桩"战术所取得的辉煌战果，骆宾基欣然前往。但因未带基层党组织介绍信，组织关系中断。1940年9月至10月，经新四军军部同意，返浙东，到金华、嵊县，本以为基层党组织能予恢复组织关系，但不仅未能如愿，而且因未经批准赴皖南被作为"自动脱党"处理[2]。1940年至1943年，是骆宾基文学创作的

---

① 王嘉良等. 中国新文学现实主义形态论 [M]. 北京：文化艺术出版社，2002：273。

② 韩文敏. 现代作家骆宾基 [M]. 北京：北京燕山出版社，1989。

高峰：三部中篇、两部长篇、三部短篇和若干篇报告文学，还有散文、童话等。此时期也是骆宾基情感体验的复杂阶段：被组织推出门外，与胡风谋面，守护萧红四十四天，埋葬萧红，赴广西平乐乡间，边教书边写作。《幼年》就创作于此时，距处女作《边陲线上》的创作已有五至七年。《少年》部分章节完成于1944年。这期间，骆宾基已经具备了相当成熟的创作经验。其创作情思与风格与之前所显现的也大不相同。可以说，为抗日歌哭呐喊的《边陲线上》是骆宾基创作才华初露端倪，而《幼年》和《少年》无论在题材的驾驭还是风格的把握上，特别是在反映地域风俗方面，已卓显特色。在被太平洋战火夺去以牺牲爱情为代价的长篇小说《人与土地》后，在埋葬了同乡作家萧红后的一年半里，骆宾基不再沿袭"五四"乡土作家对风俗文化的批判态度，反以平和的心态，选取东北老家珲春，为读者描绘了一幅边域小城的风俗画。

1. 满眼的东北地域风情

说不好每个人会在何时何地忆起幼年的生活，也许是青年时期和初恋情人漫步时，也许是中年时期与朋友闲侃时，也许是老年时期孤独地坐在椅子上看眼前活泼的孩子时。无论在哪个时候，这种回忆都会叫人情思沉迷，流连忘返，而且这种回忆越是在异地就越发清晰。骆宾基写作《幼年》和《少年》时，身居广西、广东、重庆等地，与他幼时生活的北方相隔千山万水。作品为我们展示的地理环境是骆宾基的家乡吉林珲春。那里是一个多民族杂居地，所以既有典型的中国东北的风土人情，又有多民族杂居的边域小城的特点。骆宾基生长于斯十六年，当他远离故乡时，这种追忆流入笔端就使其作品越发表现出浓烈的乡土情怀。

东北的气候特点是四季分明。对南方人来说，东北的冬天着实可怕，但对于北方人来说，恰恰是这个季节，才最富有童话般的绚丽色彩——冬天就应该冷，不冷就不叫冬天，北风呼啸，漫天大雪，冰冻三尺，方显出火盆、暖炉、热炕的温暖。东北人冬天有闲暇，走亲访友，无论到了谁家，主人第一句话就是："快，上炕暖和暖和。"于是，要么坐在一铺炕上，脚伸在一床小被里唠嗑儿，极其亲近；要么围坐在火盆周围，一边烤火，一边闲聊。冬日的银白和灰暗使人更向往绿色，夏季的炎热使人更希求秋的凉爽，也正是因为寒冷，东北人更渴望温情。分明的四季带给东北人享受不尽的由文化生态衍生的心理感悟和情感体验。

骆宾基在作品的写作中展示给读者的，是注满东北风情的一幅幅读来赏心悦目、想来乐在其中的生动画卷。

（1）傍年备节的忙碌和喜悦

一入腊月，人们就开始进入过春节的准备阶段，先是杀年猪，那时各家各户把该腌的肉腌在坛子里，而猪头、猪蹄、下货、排骨等就挂在外面冻着，以备过年之用。腊月二十以后，就开始蒸糕、做豆腐、包包子、包饺子、爆冻等，厨房里特别有过年气氛。骆宾基在小说中，对姜步畏家厨房的细节描写足以勾起读者对东北农村要过年时儿童喜悦心理的追忆。早晨刚起的时候，水缸里边都有一层薄冰，食具橱里杯盘之类的瓷器都有冰碴儿，汤匙和海碗都冻在了一起。为了保暖，做饭时不得不关着门，蒸汽就在门边上钉着的一圈狗皮上结成了冰霜，使灯光显得很暗。在这样又冷又不得眼的厨房里，崔婆却熟练地做着各种好吃的。孩子的喜悦是藏在心里又写在脸上的：在外面玩够了，就跑到厨房里，大人会随手拿点好吃的填在孩子的嘴里，孩子嚼着又撒欢儿跑出去了……骆宾基细腻的细节描写显示了他娴熟的写作技巧。崔婆用手指轻按刚出锅的馒头以试其生熟和从锅里往外捡蒸物时不断用嘴吹手以减轻烫手的热度等动作都写得十分逼真。

骆宾基还对置办年货的场景进行了逼真的描写：有赶着牛车的朝鲜农户，有戴着大耳狗皮帽子的山客，有穿牛皮短靴的庄稼人，他们带着木耳、蜂蜜、黄花菜、口蘑、海参，以及各种野味，批发给沿街设摊的摊主，又置买年货带回去，包括香纸鞭炮之类。进城办置年货的屯落妇女，头上插着蜡制鲜花，穿着崭新的衣装坐在装配一新、连马匹的鬃毛上全结着红布条的装满货物的马车上，让人越发有除夕一天天逼近了的感觉。

（2）东北乡下孩子冬季最有趣的玩法——打滑刺溜

在东北，结冰的河是孩子的天然溜冰场。到冰河上打滑刺溜是东北农村孩子冬天的主要娱乐活动。男孩子向往有双木制的冰刀或冰板，女孩子一般都让家人给做一个爬犁，学名叫冰车。冰河上的英雄一般都以滑得快又花样多而论。半天下来，棉裤上就全是湿乎乎脏兮兮的了，即使被大人指责甚至打骂，也掩饰不住兴高采烈，有时甚至划破了脸或摔掉了牙也在所不惜。有的想玩出点花样，就地取材，因势利导，把湿树枝铺在冰上，再压一块石头，然后坐在上面，顺坡滑下去，开始还舒服着呢，没多远就已经人、石、树枝分离，叽里咕噜地仰八叉了。

《幼年》中写到县城外一条水流清净的红旗河。夏天，城里的妇女都聚集在这条河上洗衣裳，男人在僻静的远处洗浴，孩子们蹲在木排上垂钓。到了冬天，可就是另一番景象了，妇女、男人的身影都不见了，这里完全成了孩子们的乐园，特别是到了微黑的傍晚，一道横躺在月色下的红旗河就更增加了神秘感。

河上铺着雪毡，对岸有三五株矮松，枝叶上全垂挂着雪块子，向南无尽止地伸展开去的雪原，在月光下发着银白的光辉……河冰坚固，满布着冻裂的纹，纹深三五尺，可见河冰的厚度了[①]。

红旗河一带的孩子们，在这个时间就偷偷躲开大人的眼睛，纷纷跑到这个天然的溜冰场，伸开双臂，蹬开两脚，做出各种漂亮的滑刺溜姿势。

冰河在他们的脚下闪着两道黄色的金光，顺着河面来往飞闪，围巾都在他们的背后飘抖着……仿佛有帆的船，有种行驶在顺风的急流里那种飘然的韵致[②]。

---

① 骆宾基. 幼年 [M]. 北京：文化艺术出版社，1982：144—145。
② 骆宾基. 幼年 [M]. 北京：文化艺术出版社，1982：144—145。

（3）充满邻里情的农家小院

东北春秋两季是大忙的时候，夏冬两季比较悠闲，特别是冬季，天寒地冻，是农闲季节，东北人习称"猫冬"（意为不做农活，在家里休闲）。东北农村生产力相对落后，人们在生产劳动中需要彼此帮助，所以东北人重视邻里之间的关系，闲来无事的时候，邻里之间串门子是常事。感情亲近者，有什么好吃的或好看的互相送送是常事，要是哪家从不与邻居串动，会被说成"屋巴开门"，意思是别人无法进入。东北的农家小院，鸡鸭鹅狗肥猪满圈，许多人家养着成群的大鹅，这大鹅能当狗使，一有人来，它们就抻长了脖子，一边嘎嘎叫一边连飞带跑地冲向来人，大人倒无妨，扬个驱赶的手势也就解围了，可孩子就受到十分的威胁了，那情形不亚于手无寸铁的妇孺被强盗围困。此时，主人只要在家，便会闻声出迎，迅速解围。

韩四叔家的梅姐是"我"的玩伴。虽然由于时代变迁，韩四叔成为一个落魄旗人，经常因"请吃"而欠债，害得韩四婶辛勤操劳也无济于事，但韩四叔家并不因此失去农家小院的温馨。小说通过"我"给韩家送兔子，"我"去韩家遭遇大鹅围攻，"我"依偎在韩四婶怀里看猪、鹅、鸡相争吃食等场面描写，逼真地描画出了农家小院的邻里情。

骆宾基在《幼年》和《少年》中对东北风情的叙写，语言并不华丽，也谈不上优美，却堪称朴实真切，而就是这朴实真切的语言，会勾起读者无尽的美好回忆和想象，产生强烈共鸣。

2. 时代变迁与民族交会的历史画卷

（1）时代变迁改变着珲春的生产关系

《幼年》一开篇，就向读者交代了"我"的出生地，"我出生的县城，靠近海参崴（符拉迪沃斯托克）海口的中国边境，距离朝鲜的清津港也很近"。这个小县城就是吉林珲春。"珲春"的语义来自满语，一说是"边陲"的意思，另一说是"河汊子"。这里是中、俄、朝三国交界地，蓝色的图们江流经这里汇入日本海。珲春城外有一条水流清净的红旗河，它是图们江的一个支流。这里满族文化历史悠久，据史料记载，清宣统二年（1910）设珲春厅时，就有了崇礼乡，即现在的杨泡满族乡。杨泡满族乡居民由满族、汉族、朝鲜族等多民族构成，其中满族、汉族各占人口的31%，朝鲜族占38%。据说金太祖完颜阿骨打统一女真各部时，曾率兵到过此处。明代此城名为萨其城，现已列入吉林省重点文物保护单位名单之中。以往，这里居住的是满族中的库雅拉人，属满族正红旗。至于红旗河名称的由来，与满族正红旗是否有关，没有考证，有资料说，是当年闯关东的人在红旗河淘金时插红旗做标记得之。

骆宾基《幼年》中写到的红旗河已经是民国时期的红旗河了，从作家的行文中，我们能够看到这种历史变迁的痕迹。

远古时期那些土人聚族而居的年代，北岸或许是给正红旗的满族土著人盘踞着的，现在变成了采木行、锯板厂聚集的城郊。河边全是剥光树皮的木排，几乎掩蔽了红旗河一半的水面。有的木排，从这里再顺水下流，运输到图们江去；有的停留在这儿，找到买主，就给搬运到岸上的锯板厂里去[1]……

夏天，妇女都到红旗河的木排上洗衣裳，男人站在僻静处的木排上洗浴，孩子蹲在木排上垂钓。锯木声、捣衣声、来往于海参崴和清津港帆船上水手们的欢呼声此起彼伏，在单纯的孩子视觉中，红旗河是五光十色的具有诱惑性的乐园。

十月革命不久，珲春城的居民常怀有一种交织着惊奇和怜悯的复杂心情，围观那些溃退而来的俄国"富党"。春天，常有成群的朝鲜流民，带着他们仅有的铜锅和柜子等，女人用头顶，男人背在背上，从朝鲜半岛咸北道，从庆源府，从沿海的清津进入这个县城。到20世纪30年代初，聚集在珲春的朝鲜移民已占那里人口的一半，另一半则包括满族土著、回族人和汉族人。汉族人里，山东移民占相当比重。

---

[1] 骆宾基. 幼年 [M]. 北京：文化艺术出版社，1982：144。

《幼年》中作者对幼年在红旗河上打滑刺溜时孩子们之间经常寻衅打架的事多有描述，让读者感受到的是满汉民族和朝鲜族孩子之间的龃龉，因为抢冰场，还彼此用对方的语言相骂。这些描写反映了清末至民初红旗河两岸由满族一统到多民族集聚，特别是朝鲜族人口剧增的历史变迁。

"我"的父亲姜青山是一个闯关东的山东农民，早年在关外做小本生意，在旅顺口、海参崴开赌场和杂货店，成了一个有出席法庭公审资格的二等商人，定居珲春后经营茶叶、人参，兼营汇兑，成为县商会会办。由于俄国"富党"失败，卢布贬值，姜青山受了一个同乡的骗，收进大笔"羌贴"而破产，只得将店铺盘给一个白俄商人，全家移居到几间草房子里，靠雇用朝鲜垦户和当地旗户经营两宗"占荒地"维生。

19世纪初叶，日本侵略势力已开始干涉东北地区。这对当地居民的生活与心理造成重大影响。如小说中所写每每中国地方警察缉捕朝鲜烟土贩，日本警方即出面干涉。按领事裁判权，凡朝鲜侨民犯人都需转解日本领事馆，而一经转解，便予释放。中国地方警察则庇护使日本领事馆头疼的朝鲜独立党分子，以示报复。那一地区中日两方警察的武力摩擦时有发生，当地日本人所办中学里的朝鲜学生与一般中国学校的学生之间的仇视、殴斗也几乎一触即发。作品中像朴斗寅那样特殊的朝鲜侨民的存在，与日本势力的渗透密切相关。此人很早以庆源府"大日本外务特派员"的合法身份为掩护，大摇大摆来往于图们江两岸私贩烟土。县里设置日本领事馆后他成为朝鲜"通事"，一面调解中朝居民间的诉讼纠纷，一面仍在暗中贩卖烟土。这个时而身着朝鲜人白袍，时而打扮成中国绅士模样的神秘人物，几乎成了当地所有汉满大户人家的座上客。他通过向不断拥入的朝鲜流民放高利贷，通过将他们分别荐给当地中国地主当佃户，榨取他们的血汗，致使中国地主秋后难以收足佃户应缴纳的租粮。

时代变迁，使珲春原本简单的生产关系变得异常复杂，满、汉、朝鲜族之间彼此存在相互的雇佣与被雇佣关系，这种复杂关系决定了各民族之间无法回避的交往，也为各民族文化的相互吸纳提供了可能和便利条件。

（2）多民族交融共生的民俗风情

"风俗文化所体现的是一个民族独有的传统，在外显的层面上表现为最司空见惯的日常生活中一个民族恒定的、不断重复的生活方式，而在其内隐的层面中，它牵扯着民族文化传统的深层积淀，承载着源远流长的文化精神。"①

由于珲春特殊的地理位置，在清朝开禁以后，涌入了大量的汉族和除满族以外的诸多少数民族，其中朝鲜族最多。《幼年》和《少年》最能唤起审美享受的就是对珲春多民族文化形态的描写。由于生产关系的变化，满汉朝居民之间交往的文化身份也形态各异，彼此制约。不同民族之间相互的雇佣与被雇佣关系、土著人和外来商户间频繁的商业交往等，使各民族文化在不知不觉中融合。

作者笔下的珲春，有俄国人开的商店——刘不林斯基，那里有"列巴"等西式点心；有日本人开的商店——藤井居，那里有各种小巧的日用品、工艺品、儿童玩具、糖果；还有满族人、朝鲜人经常光顾的回族人开的饭馆、牛肉馆。珲春百姓家里有俄式"别列器"——冬季用来烧煤取暖的炉子。在从关东山到珲春的近百里路上，用来运输的既有满族汉族喜爱的马和马车，也有朝鲜人使用的高丽牛车。傍年备节时来自乡下的满族土著居民和访山客带着琳琅满目的山珍野味，到集市上交换过年各种用品的场面令人目不暇接。手持短鞭的朝鲜农民和提着斧子的俄罗斯苦力，用他们特有的语言与满族汉族主妇商谈劳务，更增添了多民族生存交往的细节画面。虽然语言不通、习俗各异，但彼此之间好像有盘曲连环的纽带，相融共生。

在小说中，通过作者的描写，我们还欣赏到具有不同民族特点的服饰，如俄式连衣裙和高筒靴，满族的旗袍、马裤、坎肩、红肚兜，

---

① 王嘉良等. 中国新文学现实主义形态论 [M]. 北京：文化艺术出版社，2002：254。

汉族的虎头鞋、狗皮帽，朝鲜族的白袍；跟珲春人走进回族人开的饭馆，俄国人、日本人开的商店；认识了列巴、萨其马、苏布汤、荞面饸饹、饺子、年娇锅、小鸡炖蘑菇这些不同民族的食品；听到了"盖含嘎唧"（朝鲜语）、"巴厥木"（俄语）、"玛达姆"（俄语）这些民族语言；体味了满族的"打千礼"和汉族的"鞠躬礼"……这些颇具地域风情的描写都为读者展示了珲春这一边域小城多民族共存的文化特征。

（3）满汉民族心理的常与变

清代以来，满汉文化由彼此排斥到相互借鉴，是在冲突与融合中保存和发展的。研究者从社会学、民族学、心理学等不同角度对这一命题进行了诸多探讨和阐释，使我们从理性的角度对此有了广泛认识。在现代文学作品中，除了老舍以外，通过文学作品反映满汉民族间文化交融的作家并不多见，而且老舍作为旗人的后代，在对民国时期京城满族人生活加以表现的时候，其主观创作情感难以摆脱政治和民族的复杂因素；而汉族人骆宾基的《幼年》和《少年》，因为小说主人公处在幼年和少年时期，第一人称的叙述角度使读者感受到的阅读审美平添了几分原始和自然。

在清代，八旗子弟享有特权。但到了民国时期，特权被废掉了，变成一般平民，这就使旗人面临生存的危机。《幼年》中作者有意选取韩四叔和古班两个不同类型的旗人刻画。韩四叔好逸恶劳，贪图享乐，要面子，摆排场，放不下旗人架子，最后只得卖掉房子，投奔旗户地主；而古班仍以彪悍的体魄、开朗的性格赢得周围人的尊敬和喜爱，民户地主姜青山不无感慨地说，旗人里，就古班没有把日子过倒。

其实，在当时的东北县城，满族人特别是旗人的优越感并没有随着清朝的覆灭而消失，人们所遵循的多半还是旗人礼俗。如见到尊长要请安，行"打千礼"；满语在异族交往中普遍使用；满族服饰特点和饮食习惯对汉族人产生极大影响。小说中写到"我"按照妈妈的吩咐，将自己十分喜爱的一对山兔送给韩四婶家，也从侧面透视出当时满族人在小城里的优越性。

《少年》里，作者在满汉民族之间通过"旗户"和"民户"的生活交往，让读者感受到满汉民族在龃龉与冲突、相亲与融通中表现的心理常态与变态，为理解满汉民族的文化交融提供了可贵的文学参照。

首先，满汉民族心理的常与变表现在本土意识与移民意识的常态与变态。在历史的演变发展过程中，满族旗户和汉族移民有各自的民族生活常态，这种生活常态表现在心理、行为、语言等方面。久居于东北的满族居民，无论在物质方面还是在精神方面都积累了相当深厚的文化底蕴，他们一直按照本民族惯常的生存方式和生活理念繁衍生息。但当大量汉族移民从山东涌入东北以后，满族居民的生活常态因为遇到了汉族文化的碰撞而发生了变化，随之而产生了相斥中交融、交融中相斥的文化流变现象。满族旗户是坐地户，多年的经营使他们具备了外来户无法比肩的生存优势，但同时他们也因失去往日的特权而感到失落，因汉族人大量拥入而带来生存和发展危机；对民户来说，虽然他们在东北也生活了多年，其中民户地主也有了一定的资本积累，但跟世代定居的满族旗户相比，尚未形成稳定的生存理念，其民族习俗也不足以影响当地满族旗户，他们在生存打拼中清醒地认识到作为移民户要赶上和超越坐地户的不易。难以摆脱的自卑是移民户的主要心理，但生存的欲望又使他们在自卑的同时学会自强。

《少年》中姜步畏的母亲是一个能干的女东家，经常独自到九十华里以外自家的"占荒地"九道泡子去组织秋收、分粮和监管细务。黑顶子山的九道泡子是姜家在光绪年间开禁时花银子从一个都统衙门手里买下来的"占荒地"，早年这里林茂鱼肥，姜家和另外两家共股，雇用朝鲜垦户和少数旗人农户经营粮食和渔业。后因管理不善，加上朝鲜红党经常在此出没，濒临破产。与九道泡子相邻的八道泡子却是另一番景象。这里的主人是被称为"老寨主"和"坐山虎"的田一骏，他是镶红旗人，在清朝时就在珲春府都统衙门当差，在珲春县城是个有名的"大粮户"。田一骏拥有一座排场的田家庄园：高高的围墙，黑边镶铜环的红色大门，四角炮楼，宽阔的打稻场。八道泡子管理得井井有条，在黑顶子山一带名声最响。

小说中对旗户和民户在多民族集聚地的生活交往的描述，让读者明显感到旗户浓重的本土意识，主要表现在两个方面。

一方面表现在他们的优越感上。从旗户地主到普通旗户，他们的言谈举止无不透着十足的本土优越感。在谈到黑顶子山的自然资源时，田家大院的少爷田大宝说："光绪年间，珲春设关，边地解禁，这才有汉民过来占荒、开垦。要不是民户多了，有了人烟，獐子、狍子、鹿群都跑过界去了！"①九道泡子的地户曹家姥姥对姜步畏的母亲说："我们在这里定居的时候，九道泡子还没有一户人家呢！真是树满山、鱼满库，哪像现在这个可怜样啊！要不，我们当地旗户人家就从心里看不上你们这些占荒的移民主了！""这是咱们娘俩，我不把你当外人，你可别往心里去。这也不是我们旗人在心目中没把你们民户东家看在眼里！我说的是指三和盛②时期的民户地主！那时候可不得了哇！环抱粗的老橡树林子，说砍就包给人家成片地砍哪砍的。我们当地旗户心里流血呀！谁不心疼啊！那些从镇上来的雇工，简直像蝗虫一样，过了一茬又一茬呀！你现在看看，九道泡子哪儿还有一片像样的林子呀！不要说橡树林子，连长成二十年的柞树也难找哟！三和盛民户地主光知道往海南搂钱哪，哪管后人哪！"③田一骏作为八道泡子的地主，在和九道泡子地主处理地邻关系上，也表现出其本土意识的优越感。八道泡子和九道泡子的地界划分本来是以"老河套"为界，但因为被看作黑顶子山"地眼"的一块"夹心子"因此应划在九道泡子，田一骏便利用本地优势巧妙地将这块"夹心子"据为己有。田一骏家田大婶，在劝女儿把家养的一只小狗给姜家小女儿时说的话，更是不自觉地表露出旗户地主的优越感来："又不是纯种狗，都

---

① 骆宾基. 混沌初开［M］. 北京：北京十月文艺出版社，1994：397。

② 三和盛：三家民户合股经营的名称。

③ 骆宾基. 混沌初开［M］. 北京：北京十月文艺出版社，1994：431—432。

给护院狗串了种啦！咱们不要！你爸爸早就说，谁要，就给谁了！只是要给它们找个好主子，亏不着它们就行了！"姜家的把头古班大叔，对旗人居住的关东山乡下的自然环境盛赞有加，称喝了淌着人参汁的河水，不成仙也能长命百岁，而称居住在移民区珲春城"像混进了苍蝇堆"。

除了从人物语言上可以明显感觉到旗人的优越感之外，作家还对旗户人屯落的居住条件、生活用度和自然环境特点进行了描写，突出了旗户的自然保护意识和文化底蕴，为旗户本土优越感的形成做了很好的注脚。

另一方面表现在失落感上。由于时代变迁，旗户在拥有明显的本土优越感的同时，也表现出无奈的失落感。萨满教一直被满族推崇，但到了民国时期，萨满的生计受到严重影响，小说中通过"二仙"的助手唱出了他们的失落：

逍遥也有逍遥的苦哇！

如今佛主遭劫，

挂不上号了！

不受皇封，

我难到仙班成正果呀！

听了他的唱词，在场的一个旗装老妇插话说："有什么法子呢！天下失掉了主子，我们黎民百姓不是也这样凑合着过吗？如今旗民一礼了，哪像大清国呀，民户见了咱们敢这样和旗户平起平坐呀！"[①]怀有这种失落感的满族旗户大有人在，他们追忆着已经失去的遥远的坐吃皇粮的年代，而对眼前的生存现状感到无奈和失落，正如在满族旗户讲究的"谢神酒"宴上，姜步畏从大神唱的迷人小调中听出的那种

---

① 骆宾基. 混沌初开 [M]. 北京：北京十月文艺出版社，1994：402。

属于满族对早已灭亡的爱新觉罗氏封建王朝的深远怀恋和对失去恩宠和庇护的怅惘和孤寂。这种失落感在旗户地主心里，感受一定更深，只不过表现得更加隐秘罢了。

与本土意识相对应的是移民意识。小说中的移民意识主要表现在民户的自卑。作为闯关东的山东移民，他们最初的愿望就是到关外挣到钱回老家过好日子。这种生存理念往往促使他们只顾眼前，急功近利。小说中有一首珲春汉族人爱唱的民歌：

> 正月里来，
> 打罢新春，
> 珲春街上闯外的人，
> 插海带呀，拧海参，
> 海南家中撇下一个女裙钗！①

这民歌的背后，是浓浓的乡情，也正是这种乡情增强了移民的漂泊感。

小说中多处写到少年姜步畏弄不明白同样是地主的姜家为什么比不上田家，母亲叹息地告诉他："关东山不是咱们海南家！我是没法子不在这里待，你们还能在外头闯荡一辈子呀！海南有你姥爷、姥娘的祖坟。关东山可什么也没有哇！连大树的根都不往深里扎，都在地皮上露着，大风一来就连根拔倒了，咱们海南可不一样，树头有多高，根也扎多深！"②

姜步畏跟随母亲在九道泡子分粮时，经历了让他内心感到酸楚的

---

① 骆宾基. 混沌初开 [M]. 北京：北京十月文艺出版社，1994：332。女裙钗：媳妇。

② 骆宾基. 混沌初开 [M]. 北京：北京十月文艺出版社，1994：335—336。"我是没法子不在这里待"一句，指姜步畏的母亲是被骗做小的，她不愿意回山东老家和大婆生活在一起。

几件事：母亲在地界上被蒙混；九道泡子第一任经管人暗暗往八道泡子使劲；母亲信赖的第二任经管人、同族老姜竟然在旗人关炮家"拉帮套"，并敢公开和母亲抗衡；朝鲜垦户虽然是外国人，且是亡国奴，但因为有日本人撑腰，越来越不服管；九道泡子要请个杀猪的人都难……所有这些，在十几岁的姜步畏看来，也许还只是没面子和缺少了旗人地主的威风，但对于民户地主及所有汉族移民来说，无疑产生了强烈的自卑心理。

在明显感到旗户和民户各自意识常态存在的同时，作者还让读者隐约体味到他们常态意识的悄悄流变。旗户地主田一骏多次提出与姜家联姻，其儿子田大宝主动与姜步畏换谱拜把，田家大婶对姜家孩子悉心照顾以及旗户与民户在生存中积极交往等情节，都告诉我们，旗人的本土意识正在不知不觉中进行自我校正；另外，姜步畏性情刚烈的母亲，虽然嘴上强烈反驳着旗户的指责和埋怨，但内心一直承认旗人有家教，见识广，心胸宽，能容得下事，对自己作为外来户的文化身份和生存意识的缺陷有清醒认识，这又使我们感到，汉族人的移民意识也在不知不觉中发生着变化。本土意识和移民意识就像一个源头分出的两条支流，经过一段崎岖和坎坷后又交汇在一起，形成多民族文化的意识流动。

其次，满汉民族心理的常与变表现在审美心理的相斥与趋同。不同的民族有不同的审美心理，一个民族的审美心理是在该民族的文化模式中形成的。生活习俗是构成文化模式的重要因素。《少年》中所表现的满汉民族生活习俗的不同和产生碰撞后的消停，透视了满汉民族审美心理的相斥与趋同。

满族最初为游牧民族，渔猎生活方式使家庭成员之间很少有封建礼俗，居住方式也较汉族少了许多拘束。满族人家公婆和儿子儿媳睡对面炕或中间有假墙或幔帐隔着的通炕，这迥异于汉族辈分森严、男女授受不亲的礼俗。《少年》中姜步畏跟母亲在田家大院借宿时，田家大婶依满族西间为尊、里间为贵的风俗，一定要母亲睡到里间，而母亲看不惯对面睡人的风习，她觉得"虽然两面炕上各有寝帐，但两边动则有声，起夜解手都觉着不方便"，所以执意睡在外间，田家也只好主随客便了。

同样是游牧生活方式的影响，满族女人不裹脚，体格也多显壮实，再加上叼个长烟袋，在汉族人看来，缺少了几分贤淑和典雅。《少年》中的旗户地主田一骏，看好了民户地主的儿子姜步畏，一再提出与姜家联姻，并许诺将那块"飞地"和"小马鞍子山"一起给姑娘做陪嫁，以便换得八道泡子水源顺畅不断。这无疑是两个民族融通的一种方式，也体现了满族善于包容与吸纳的心理。但这一动议并未得到姜家的允诺，原因是姜家母子既看不上田家人的居住方式，更不喜欢田家女人有着一双男人似的大脚，还要抽烟和打牌。姜步畏曾暗暗起誓：不管她们长得多标致，就是同年生，也不要这样的满族姑娘做媳妇，但小说结尾处姜步畏对田家二女儿香芹的朦胧男女情愫，明白地告诉我们他对满族旗人的认可和喜爱。

小说中还写到满族的许多习俗都与汉族不同，但逐渐被汉族人接受。如满族推崇的萨满教影响了汉族，《少年》中写到姜家母亲本来准备犒劳夜里忙场人的酒席，却不容分说被当作"谢神酒"吃了个精光，因为满族人请萨满跳神要喝"还愿酒"，也叫"杀喜猪，吃谢神酒"，谁碰到谁吃，而且得当天吃光，图的是吉祥如意。对此事，一贯坚持民户立场的姜家母亲也欣然表示"得入乡随俗"。

最让人感受到满汉民族交会的是姜步畏和田大宝的"换谱拜把"。幼年姜步畏在学校里与满族旗户的孩子还彼此以"山东棒子""暴发户"和"大麻哈""破落户"相敌视呢，而在少年姜步畏随母亲下乡收粮的四十多天里，在充分感受了田家作为旗户地主对他的照顾，他也从旗户那里学到许多渔猎本领以后，这个本来就没有形成民族心理距离的汉族少年，内心深处对母亲和旗户之间的民族心理隔阂有着理性评判。在与田大宝、宝莉、香琴姐等异族少年的交往中，彼此欣赏，亲如一家。姜步畏发现了太多让他敬佩、羡慕和感动的事，他感到在这荒僻的山村角落里，竟还有那么多值得交往的旗户男女和朝鲜族孩子。他和田大宝"换谱拜把"：不愿同日生，甘愿同日死，从此不分满汉，以同胞兄弟相称。对这一举动，母亲惯常的不理解和惊讶很快在同族人"满汉一家嘛"的言说下化为乌有。实际上，姜步畏的父亲姜青山，与旗户把头古班早已亲如兄弟。

还有姜家母亲离开九道泡子时所设的"临别露天晚宴"，简直被作家写成了多民族生活的交响曲：满汉朝鲜几个民族的人们一起动手，大盆吃鱼，大碗喝酒，谈天说地欢庆丰收。在闲谈中，满族人就提到朝鲜妇女和山东妇女坐月子的不同习俗，也谈到山东家家有茅房，不像关东山在草地里漫野解手等各民族不同的生活方式。我们可以相信，这些近乎讨论的交流，正是审美意识趋同的开始。

体现审美意识趋同的还有关于穿着和饮食的描写。满族的旗袍、马裤、坎肩、红肚兜，已被汉族人所喜爱，这从小说的多处描写中可以看出。还有一个细节应该提到，清朝时满族有敬狗习俗，汉族人若穿戴狗皮服饰到满族人家必须脱在外间方可入内。《幼年》中多次写到汉族人喜戴的狗皮帽子，像古班大叔这样既向往皇帝重登宝座，也深知"如今不比大清，得学洋务"的旗人，对这一有悖于本民族习俗的穿戴，没有任何反应。这种忽略，其实也是一种接受和交流的过程。在小说中，萨其马、荞面饸饹、饺子、年娇锅、小鸡炖蘑菇这些食品，在满汉两族居民的餐桌上都能看到。一个民族的文化，就是从人的日常生活切入，慢慢渗透乃至普及的。

地域文化和民族风俗可以影响作家的创作风格，而一个独具风格的作家的创作，又会让读者在最俗常的民族风俗生活中感受生存文化、种族心理的"常"与"变"，为中国文化重建和文学审美提升带来更多的思考和启迪。

综观《幼年》和《少年》，作者独具特色的民族文化和地域风情的描绘，显示出特有的天赋：一是地域风情描绘为作品中人物性格的形成铺设了斑斓多彩的活动背景，增强了立体感；二是纯朴自然的笔法勾勒出民族文化传统的深层积淀，使其笔下的"小城故事"具有了超出同时代作家同类题材作品的民族文化含义。

四、关于"草精灵"的故事
——《蓝色的图们江》和《乡亲——康天刚》

俗话说："东北有三宝：人参貂皮乌拉草。"关于人参的民间神话故事在东北可谓家喻户晓，广为流传。人参也叫"棒槌"，在骆宾基笔下有时还叫它"草精灵"。在骆宾基的小说世界里，涉及人参故事的篇目有两个，一个是中篇神话《蓝色的图们江》，一个是短篇代表作《乡亲——康天刚》。这两个篇目一个取材于神话传说，一个取材于民间故事。一个感叹生命孤独，寻求人生理解；一个有感于不向命运低头，歌颂"超越天命而克尽人事的生命意志"。

《蓝色的图们江》为我们讲述了这样一个故事：看守王母娘娘果木园的果木仙，因为向风流大仙吕洞宾现出了一个微笑而被巡游神恶意告状，遭放逐看护图们江。在庆祝太阳和大地的宴筵上，果木仙终于得到了吕洞宾的宠爱并怀上身孕。不久，吕洞宾护驾王母娘娘到下界巡视，宣布果木仙看护图们江有功，前罪尽免，重登天界。可怜果木仙因受到吕洞宾冷落，便惨叫一声，晕了过去。醒来发现自己生下了二十四对头上顶着草的女孩儿，但天条难违，果木仙不得不丢下孩子回归天界。孩子因吃不到母亲的乳汁全部夭折。几千年过去了，图们江两岸第一次出现了二十四对人参。不久，图们江两岸第一次来了访山客。孙老头带领伙计千辛万苦找到十一对人参。就在访山客们准备运送人参的时候，"草精灵"四品叶找来黑斑虎帮忙作法，用图们江水淹死了所有访山客，只有"小画眉"因"二等甲"（草精灵）对其产生爱情而幸免。

这样一个神话故事传达给读者的是感叹生命孤独，寻求人生理解的情感内蕴。

生命是美好的，但孤独的生命还不如没有生命。在《蓝色的图们江》中，从仙界到人间，从植物到动物，孤独成为难以克服的心理障碍，甚至可以说，是"孤独"推进了故事情节发展。果木仙耐不住为王母看守果园的孤独，才招来了风流大仙吕洞宾的一段风流韵事，从而演绎出图们江两岸的二十四对人参；孙老头耐不住婚姻生活的寂寞，才来闯关东，才有小画眉寻父从而与草精灵相爱这段故事；若不是黑斑虎发出寂寞孤独的三声狂啸，就不会招来挖参的访山客……所以，感叹生命的孤独和寂寞，寻求人生理解是这部中篇神话的整体内蕴。

在果木仙看来，与其在天界受孤独寂寞之苦，还不如到人间享受爱情的滋味。为了得到吕洞宾的爱，她宁可被贬，哪怕只能成为幻影和脱壳的灵魂也心甘情愿！可是不管在天界还是到人间，果木仙都是孤独的，她钟情的风流大仙对她只不过是"始乱之终弃之"罢了。尽管留下了关于人参的神话，但她自己是不以为然的。她寻求王母的理解，寻求巡游神的理解，寻求山妖们的理解，更渴望吕洞宾的理解。

孙老头是访山客中最有威望的人，有大家的拥戴，有儿子的关照，但他还是孤独寂寞的。他十一岁时娶了十八岁的媳妇，没有了父母，大七岁的妻子整天给他气受，打坏了妻子心爱的描花老茶碗竟然吓得闯了关东。孙老头渴望得到妻子理解，妻子盼望能得到孙老头饶恕，但为了访山客的生计，夫妻俩的愿望终成泡影，就连孙老头的灵魂也永远成了深山老林里的孤魂野鬼。

黑斑虎打败了黑熊，成了兽中之王，曾何等气派，但它也是孤独的。为了不让小山兽们知道它的存在，它只好整天藏在七尺深的羊草里，从不敢出声长啸。当它终于长啸了三声要离开供养了它三年的大草原时，作者这样写道："那声音哪，有无限的怅惘和留恋。而且自从打败那个故世的霸王之后，它还没有这样自由地畅啸过，因为避讳那些小山兽受惊啊！所以这三声长啸，你可以想象到是多么高亢，多么傲岸而洪亮了。从那声音里，又可听出是获得解放的一种舒畅。四山的回音，久久回荡着，久久这空旷才重回到寂静的状态。"[①]这三声

---

① 骆宾基. 蓝色的图们江 [M]. 上海：新丰出版公司，1947：10。

长啸，是长久寂寞、孤独后爆发出的呐喊。我们可以想象，叫出了孤独和寂寞的黑斑虎只能离开这里了，因为这三声会吓跑所有的山兽，它将失去吃食而无法存活。那么，它走了，可无论走到哪里，只要它想生存下去，就必得隐形敛声，这还将是无限的孤独和寂寞。

《蓝色的图们江》中，小画眉的命运大概是最好的了。他有智慧，有眼光，攒下了八两黄金。在危难之时，得到草精灵二等甲的爱情和帮助，几乎达到了仙人合一的境界。但是，小画眉更是孤独的。为了寻找父亲，他扔下怀孕的妻子；为了回老家看看年迈的母亲和爱妻，他又不得不扔下对他百般体贴而且又怀了他的孩子的二等甲。等他回到老家，永远无法摆脱的隔世之感迫使他隐藏了自己的身世，仅留下八两生了锈的黄金，又踏上了归途。他只有在永远的留恋和遗憾中与异类生活在一起。

对生命的孤独和寂寞如此这般浓墨重彩地描绘，不会不带有作家自身的深切感受。骆宾基从十六岁离家读书开始，经历了几十年颠沛流离的生活，尝遍了人生的酸甜苦辣：身无分文时的窘状，朋友接济时的感激，牢中受刑的折磨，获释出狱的欣喜，作为革命者的不被理解，作为文学家所遭遇的指责……其间对人生无奈和孤独的体验是相当深刻的。

萧红对骆宾基的影响是非常大的。当初，就是因为读了萧红和萧军合著的《跋涉》，骆宾基才第一次发现了自己。二萧受到鲁迅的提携和帮助，曾使无缘拜鲁迅为师的骆宾基多么羡慕！在萧红生命的最后四十四天里，骆宾基日夜守候在她身旁。当时，生命悬于炮火和病魔中的萧红是何等孤独哇！她不仅需要扶持和照科，更需要理解与友谊。为了安慰萧红那颗孤独的心灵，骆宾基失去了在桐油灯下写了两年的三十万字的长篇《人与土地》。尽管如此，萧红孤独的生命和灵魂一直牵动骆宾基真诚、笃实的情感，萧红对真善美的执着追求也一直激励骆宾基积极的人生理想，对萧红的那份厚重而难以抹除的怜惜与悲叹，就构成了神话作品内蕴的一部分。

《蓝色的图们江》中那株孤独的柳树，分明就是萧红身世的象征。这绝非演绎。与《蓝色的图们江》写于同一时期的《乡居给G兄》这封书信中，谈到作者乡居写作时所见到的一株柳树，有这样的话："它是立在阔野之间的，附近没有一棵草……那株树是怎样的绿呀。""突然，我神往了，我遥远地面向它立了许久，它是怎样孤立的一个生命的存在呀！附近连一根蒿草都没有，在空旷里，它是一个同伴也没有，没有流水也没有羊群……""忽然，我脑子里现出《呼兰河传》作者的影子，而且我完全是清醒的，不是给鬼迷了心，就觉得那不是一株垂柳，而是那位逝世的诗人，又仿佛是一个什么精灵的幻象，而且飘游在它周围的，也不是雾气，而是一些希腊神话里的有翅膀的天使和仙女，如我们在插图上所见的披发赤身的幽灵。"就在《乡居给G兄》写后不到一个月，骆宾基又有一封《给舒强》的信，有这样几句："三月廿一号，我回到两江来了。这里非常幽静，有高阔的天空，有高山峻岭，有小溪、松林和草地，我在这儿要完成《蓝色的图们江》，就是那个关于人参的神话……"把这两封信中的话联系起来，再读《蓝色的图们江》中关于那株柳树的描写：当小画眉被二等甲带到一处世外桃源的时候，小画眉发现在一间泥壁的茅屋对面，有一个广阔的大草原，"而且在遥远的大草原中心，立着一株年轻的杨柳，背景烟雾渺茫，显得它是那么遥远，那么孤零"。当二等甲欢快地让小画眉到柳树下睡觉或下棋时，作者又写道："小画眉那故世的访山客之子，只说是那株柳树孤独，可怕的孤独。"虽然着墨不多，但因为作者赋予了这株柳树以独特的艺术观照，即使我们不知道上述两封信的内容，也会体味出作者的描写绝非随意之笔。

《乡亲——康天刚》的故事发生在清代初年。康天刚是一个乐天任性的人，在财主家做长工时，与财主闺女发生了誓死不渝的爱情。财主立下口约：三年内，若能置买二十亩小麦地，另外再有耕地的牲口和一辆送肥的牛车，闺女即可嫁他。康天刚带着财主闺女祝他早日发财的观音瓷像，贱卖了仅有的半亩祖茔墓地，撇下年迈的老母，踏上了闯关东的路途。因为在山东农民的脑子里，关东山是块宝地，除了闯关东，是无法在三年内成就这样一份家产的。抱着"有月亮不摘星星"雄心的康天刚，拒绝了同乡让他垦荒的建议，选择了发财的捷径——加入"访山帮"去采参。可是，天不遂人愿，三年过去了，康天刚却连一株人参也没采到。不服输的康天刚托人捎信给财主的女儿，延长一年的期限。他还是继续找参。十七年过去了，康天刚换了十六个访山帮，以至于访山帮的人都觉得他败兴。如今的康天刚经受了太长的人生煎熬，追忆、后悔都已失去意义：山东的老母自然活不到现在；当年守约的闺女也一定孩子成群或许早已做了婆婆。自己两腿受了风湿，步履迟钝，头发花白，面色憔悴。访山帮伙计毫不掩饰的嫌弃加之人生理想的破灭使康天刚万念俱灰，他决定跳崖了却一生。就在他把观音瓷像和爱犬扔下悬崖自己要跳的一刹那，他突然发现二十丈深的悬崖底下，有一株千把年的老山参，枝粗叶壮，周围野草都伏拜着它。他脸色惨白骤然疾步回屋喊醒了伙计，便"像一座巨塔那样倒下了"。弥留之际，康天刚的嘴角透出幸福的微笑。伙计们用最珍贵的棺木装殓了康天刚，并将其运回山东老家。

《乡亲——康天刚》与《蓝色的图们江》创作于同一年，除了与《蓝色的图们江》同样的"感叹生命孤独、寻求人生理解"的内蕴之外，有感于不向命运低头，歌颂"超越天命而克尽人事的生命意志"凸显其中。在骆宾基所有的小说中，最具悲剧色彩也最震撼读者心灵的就数《乡亲——康天刚》了。在康天刚生命即将结束的瞬间，眼看着孜孜以求的千把年老山参却因生命的终结而永远无法拥有，这种悲剧的感染力令读者感叹不已。

与我们对他的景仰一道不朽

刘嘉陵

　　骆宾基，本名张璞君，1917年2月生于吉林珲春县。他曾把那里称作"东北三等小县城"，但它地处中、俄、朝三国交界，在中国版图形象"雄鸡"的下瓣嘴上，满、汉、回、朝鲜四个民族杂处，边陲小城的地域民俗风情殊为独特。

　　张璞君的父亲张成俭曾是山东平度县的贫苦农民，清光绪年间闯关东到海参崴应招做劳工，后在离海参崴很近的珲春落脚谋生，开过赌场和杂货铺，还经营过茶叶生意，于是有资料把他称为"二等绅士"。但这个"二等绅士"之家"日子过得较为艰苦，属于下中农式的生活"（骆宾基《六十自述》）。张成俭夫妇痛感没有文化之苦，张金氏用手工缝纫积攒的"私蓄"供孩子读书，为张璞君日后变为"骆宾基"打下重要基础。

　　九一八事变前，张成俭在经营中误收大笔贬值的沙俄卢布，生意遂告破产。骆宾基后来在其自传体长篇小说《混沌》中讲述了小说主人公的父亲在海参崴十几年的心血，在珲春县城被换谱的"把兄弟"汇兑作废卢布而付诸东流。作者表白，这虽是自传体小说，却不是历史实录，但"二等绅士"张成俭对家人严苛、对外人懦弱这一点应该是事实。

　　九一八事变后，张家的三千亩早年领有执照的"占荒地"也被日本关东军"征用"，张家沦为小城贫民。在如此家境中，张璞君先在珲春读了私塾、县立高级小学，后到山东读中学，还在中国大学、北京大学做过旁听生，逐步接触马恩理论和中外文学名著，渐生以文学创作为终生职业的心思。1936年从东北流亡到上海，不久成为抗日的、左翼的文化战士。1944年至1949年，曾两次作为"政治犯"被捕入狱。1949年后当选为山东省文联副主席。

"文革"中后期，这位历经"思想改造""灵魂深处爆发革命"的老作家、老知识分子再也无法欣喜于"摆脱了19世纪旧现实主义消极影响，开始向革命浪漫主义和革命现实主义相结合的文艺新路阔步迈进"了，转向《春秋批注》《金文新考》的著述和《货币集》《兵铭集》的考证。这是"革命文艺"的胜利，却是一位"奇笔逸才"的大作家的悲哀，而又远非他一个人的悲哀。

暂无资料表明，1936年5月起在上海亭子间埋头写作长篇小说《边陲线上》的十九岁东北青年张璞君，为其处女作署名"骆宾基"同"初唐四杰"之一的骆宾王有何关系。也许我们可从"基"字架构中暗含着"王"，揣测他喜爱骆宾王的诗文，熟读过《为徐敬业讨武曌檄》中那些名句："入门见嫉，蛾眉不肯让人；掩袖工谗，狐媚偏能惑主。""南连百越，北尽三河，铁骑成群，玉轴相接。""以此制敌，何敌不摧！以此图功，何功不克！""请看今日之域中，竟是谁家之天下！"

那些激越的文字一定曾引起这位沦陷区的热血青年强烈的共鸣，张璞君也为"骆宾基"所取代。可惜斯人已逝，而健在时并未得到足够重视和更为深入的研究，因此关于他名字的问题只是我的臆测。

骆宾基同萧军、端木蕻良并称"东北文坛三老"，他们三位都同萧红有过是是非非的情感纠葛，但我们今天不应再去深究那些各执一词的前尘往事，而应把更多注意力放在这"三老"对中国文坛和现代小说史的贡献上。

骆宾基因1936年才由边地入关，进入大上海，故被称为"东北流亡作家的后卫"。彼时萧红、萧军已因《生死场》《八月的乡村》名盛文坛，比他稍早进关的端木蕻良也已写完成名作《科尔沁旗草原》（郑振铎誉其为"这将是中国十几年来最长的一部小说，且在质上，也极好"），而他还只是位默默无闻的文学青年。

骆宾基比东北流亡作家的所有名将都年轻，比萧军小十岁，比萧红小六岁，比端木蕻良小五岁，即使是舒群、罗烽、白朗、李辉英、穆木天等"其他作家"，也都无一例外地年长于他，穆木天甚至比他大十七岁。这个十九岁即写成一部十几万字长篇小说的"东北流亡作家的后卫"后生可畏。

看他1946年秋在杭州拍下的照片，戴着近视镜，浓眉，略显忧郁的眼睛，文静而黑密的分头，格西装，白衬衫，深色领带，青年时代的骆宾基算得上清隽儒雅。那时距他在香港陪同萧红度过最后四十多天已过去四年，而他一生中最重要的作品《乡亲——康天刚》《北望园的春天》《吴非有》《罪证》《红玻璃的故事》（与萧红合作）、《老女仆》《一九四四年的事件》《由于爱》、《混沌》（第一部《幼年》及第二部《少年》初稿）等都已完成或即将完成，文学史家称他"进入了自己创作史上的黄金季节"。

骆宾基不能算高产作家，但其作的文品、艺术质地及对现代文学的贡献，却应予更高估价。战乱年代他写过为民族战争服务的《边陲线上》《东战场别动队》《一个倔强的人》等，中华人民共和国成立后也写过为社会主义政治服务的《王妈妈》《夜走黄泥岗》《山区收购站》等。然而多年过去，真正经得住时间之水淘洗的还是早年那些艺术价值更高的作品，如《乡亲——康天刚》《北望园的春天》，特别是长篇小说《混沌》。虽然作者在《我的创作历程》中称，"自己在国统区所积累的社会生活（写作素材），已经黯然无光了""我突然发现自己已是两手空空一无所有的文学工作者了""旧的艺术标准，例如资产阶级的'人类之爱'一类的东西，在我的头脑里，似乎已经崩溃了；而新的艺术观，还没有形成。我怎么写呢？用什么为祖国和它的优秀的儿女们服务呢？我感到'灵魂深处'从来没有的空虚""我的艺术观岂不是原封不动地仍然站在19世纪世界文学所建立的批判现实主义的立场上吗？如果这样自然主义地来写真实，那么这个作品的艺术价值在哪里呢？它的价值不是需要依据无产阶级的革命的政治效果来衡量吗"，但依我们今天的眼光看，骆宾基最有魅力和味道的作品反而是那些他自贬为"黯然无光"的旧作。

发表于1943年5月的短篇小说《乡亲——康天刚》是一部浓缩的闯关东史，故事发生在清代，皇朝发祥地的解禁圣旨颁布之后。主人公康天刚原本是山东大地上一个乐天任性的汉子，喜欢唱曲拉琴、玩鸟打猎，只因和邻村财主的闺女产生了恋情，不得不贱价卖掉仅有的半亩祖茔墓地，带上财主女儿祝他发财的观音瓷像，抛家背井，越海跨山，到荒凉的关外大地、草原森林中去寻觅幸福之梦，因为极想拆散他们的财主后来承诺："若是三年以内，他能够置买二十亩小麦地，另外再有耕地的牲口和一柄送肥的农车，那么他绝不再苛求，准备把他的闺女嫁给他。"康天刚始终无法通过采掘名贵山参而尽快致富，一晃十七年过去了，人"一年比一年苍老，眼光一年比一年犀利，而且冷酷，脸色也一年比一年顽强""两腿受了风湿，精神顿然颓唐。本来他的头发，已经花白，盘在头上的辫子，就细弱得很可怜了，现在又时常脱发，同时脸色也更加憔悴，而且也越加沉默了"。

这个寻梦汉心性很高，"有月亮不摘星星"，急于发大财后回乡娶亲，同乡孙老头几次劝他在自己新占的山地上垦荒，一步步积累家业，他都婉拒了对方，将致富理想系于成功系数很小的采掘山参的访山帮，终至一事无成。但就在他把爱犬和瓷观音抛入山涧，自己也准备跳涧自尽时，蓦然发现"离他立足处二十丈深的悬崖底下，一个岩石围绕的泉水口旁，有只千把年的老山参，须枝粗壮，周围野草都向它俯着头，永远跪拜着它一样，月光映照着泉水，那老山参的影子是清清楚楚的，可以分辨出是只'二等甲'"。

康天刚在遥远的异域停止了呼吸，却把珍贵的商业信息传送给第十六伙也要摒弃他的访山帮乡亲。感动并悲恻的乡亲们用珍贵的棺木装殓他，运送他回山东老家。路经老友地面时，孙老头还为他举行路祭。

作品以苍茫、沉郁、寂寥的境界映衬着闯关东人命运的神秘与悲凉，主人公用一生与天命较量的传奇故事令人震撼更令人唏嘘。读这篇小说，不由得景仰并感激骆宾基，他把多少代东北人时常挂在嘴上的"闯关东"历史给复活了，却又是高度概括和凝练的，呼之欲出的小说人物成为印证那段历史的"活化石"。

同好多东北人一样，我的祖籍也是山东，闯关东的先祖也是清代刚刚颁布解禁令后不久来到东北大地的，我已是第八代传人。但我们对先祖充满辛酸的垦荒史和冒险史总停留在极粗疏的一两句话上。现在，可以凭借骆公的小说穿越时空，与先祖气息相通了。

发表于1943年9月的短篇小说《北望园的春天》，则取材于作者在战时大后方桂林的一段经历，看似平静却暗含调侃与悲悯地描画了山河破碎而偏安一隅的国人众生相：忙着筹备画展的名画家梅溪，他的贤惠温和的妻子林美娜；政论家杨村农，他的严肃而刻板的太太胡玲君；独身的美院老师赵人杰，以及赵人杰一直想画进作品的街头摆糖果摊的老婆子等。

这一写旧时代知识分子的小说名篇，着意刻画了"国内有名的政论家"杨村农和艺术学院穷教师赵人杰这两个人物，对杨村农明褒暗贬："本来是个谈笑自若的好心肠的绅士，可是一见赵人杰，神气立刻就不同了。又高贵又尊严，仿佛我们身旁带着一个从仆，若是一个体面的绅士在从仆面前不矜持，那像是什么话呢！"而对赵人杰这类中国旧式知识分子的典型人物，却寄予深切的同情。虽然他潦倒孱弱，"廿七岁的人，看来倒有三十四五。整月不刮髭子，身着一件冬大衣，又旧又破，五年也没洗过一次似的"，微薄的薪水常令其生活难以为继，有时只买得起两三块木柴，黄昏时夹在腋下回住处。但他仍持守着传统知识分子起码的人格底线，在"我"邀他和杨村农共进晚餐，几次婉拒未果后，不得已同两位一道去了餐室。

我说："赵先生，我们吃酒，你不要吃，就尽管吃饭好了。"

"好。"他说，可是一个米粒一个米粒地向嘴里送。五分钟就停停筷子，十分钟就夹一口菜，而且只夹一小片白菜。明明是他饿了，可是他还陪着我们吃酒。他的命运就似乎决定是为了别人而生活的。

我说："赵先生，有肝尖，有肥肠，有鱼片，你是吃嘛!"

他说："我是吃呀!"

我说："你不要客气，这些菜我们是吃不完的，你尽管吃呀!"

他说："我是吃嘛! 秦先生太客气了。"

他依然是夹着白菜叶，或是小块的笋片，他尽力避讳着鱼肉，只一片小块笋，他就满足了。

就是这位捉襟见肘的穷教师，当"我"想把广告社的一桩塑半身模特的活（可支付四百块钱的材料费）给他时，他却拒绝了，一再说："我这两天就发薪水了。""我有钱，就要发薪水了。"

几天后，他的薪水仍未到手，就快揭不开锅了，才勉强开口向"我"借了五块钱，并承诺晚上五点钟一定还钱。但那晚，他实在无力还钱，向"我"致歉时，"仿佛他的身体有两万吨那么重"。

赵人杰终于领来区区一百二十块薪水，理了发，还了钱，还买了三块钱花生米，"仿佛招待一顿盛餐那样几次让我：'吃呀! 吃呀!'"并与"我"一同动情地怀念起北方的家乡。

这个不幸的人并不像他看上去那样，是个可怜委顿的庸才，在他最穷困时，曾卖掉两本"珍贵的意大利版的油画集子"，却总在想："我是要把我的作品拿出来，拿到世界上来。可是我的生活牵制我。"在他心底，艺术理想的火花一直在闪烁，虽然微弱。

他曾和"我"谈到罗丹的雕塑和洛基朗盖弥（原文如此）的艺术生活，那时候，"赵人杰的脸色也就越来越光辉，他的生命在这些谈话里复活了，眉眼间也闪出青春的闪光"。他说起自己有一个画稿，在脑子里酝酿很久了，可是总没有心情来画。但不曾停止思索："中国画家不是没有天才的，全给在形式上追求的倾向损害了！""一个真正的艺术家哪有不在内容的发掘上追求的呢！""现在的中国画家呢，不注意作品里的人物，而注意整个画面的背景和情调……"

赵人杰心中那幅画稿来自街口摆糖果摊的老婆子："从她的眼睛所含蓄的意义上看，全世界仿佛是死寂的，全世界只有她一个人，只有她那方盘上的二十几块糖果……我每天必定从她那糖果摊前走几趟，没有一次看见她有交易。有时，看见几个穷苦人家的孩子，蹲在她眼前，环成一圈，望着她，也许是观望方盘上的糖果，可是总没有碰见他们买块糖的时候。那老婆子呢！可是天天在她那营业地方出现，这又仿佛是她每天确也有些交易……只有廿几块呀！她在排列上消耗着脑力，而且极有兴趣。这就是她的全部的生活意义了……秦先生！你说这不是一幅很好的油画吗？"

战时的一个穷知识分子却在怜恤一个卖糖果老妇，遗憾没把那已经升华为艺术美的情境用油画表现出来！

小说结尾，"我"已离开桂林北望园，但对那里的一切情意拳拳，在心中祝福赵人杰已"脱去冬大衣"。

　　我怀念北望园，怀念北望园的深夜……赵人杰一定还是暝坐在他那阴暗屋子里遐想……现在北望园的深夜应该有一片蛙鸣了……

《北望园的春天》不应只认作中国旧时代知识分子的一曲哀歌，作者在以人文精神、人性光芒照亮赵人杰的时候，毋宁说也在礼赞这位古之圣贤的后世化身。

骆宾基的长篇自传体小说《混沌》同样产生于旧时代，是20世纪40年代作家从桂林到重庆的五六年间用力最多的长篇力作，也是标志着作家艺术成熟期的代表作品。小说以童子眼光看纷乱世相，用成人思乡和怀旧情愫讲述家世：二等商人的父亲被把兄弟设下的作废卢布圈套所害，以致家道中落，而这个家庭的败落恰好与当时的中国社会悲惨状况互为镜像，如作家所言："虽非历史实录自传可比，但它却记载了作者的幼年与少年两个时期的天真而纯洁的心灵。这个心灵反映着通过家庭而显现出来的一个东北三等小县城的社会风貌。记载了九一八事变之前这座满、汉、回、朝鲜四个民族杂居共处的边陲城镇的风俗、人情、自然，它们都盖有半封建半殖民地的时代烙印的。"

小说中无论写人，写旧式家庭，写边地风俗，写夏季的木排，冬季的冰场，垦荒者的窝棚，朝鲜酒窟，日本商行，京戏园子，俄式四轮篷车，流亡的白俄军官开的糖果店，正红旗没落旗人，依附于日本领事馆的"韩国通事"等，都极富边地特色和绵长的人生况味，是去国怀乡的作家对遥远的大东北及童年深情而幽婉的咏叹。

"混沌"者，混沌初开，璞玉未琢。以此喻小说童年主人公的质朴纯真恰如其分，而统观小说文本，则实属上乘之作。女作家张洁曾有如下结论："他有多么扎实的生活基础哇，表现手法，又是多么娴熟。我敢说，他的小说，在中国文坛上，堪称一流。"（《帮我写出第一篇小说的人——记骆宾基叔叔》）她举了几个例子，1949年后骆公写的《父女俩》《山区收购员》等。但我以为，她更应以《混沌》《北望园的春天》《乡亲——康天刚》《红玻璃的故事》等为例。

1947年，诗人唐湜在比较"七月派"小说家路翎与骆宾基时曾写道："路翎从日常生活里酿造了热情灼人的传奇风的酒液，而骆宾基则从日常的生活里勺取了一些平淡无奇，略有甘味，饮后转觉醉人的绿茶。"这对骆公小说的整体美学风格当是较为中肯的判断，但既然"饮后转觉醉人"，就不会真的"平淡无奇"，至少《乡亲——康天刚》不是，《一九四四年的事件》不是，《由于爱》不是，《罪证》不是,《混沌》就更不是。然而"略有甘味,饮后转觉醉人"的确是一种高级的审美状态和艺术境界,这是骆公留给我们东北文坛晚辈的一笔值得继承的遗产。

多年以后我们意识到,早年东北作家更可贵之处在于奠基于国恨家仇、故土记忆、塞外风貌之上的独特鲜明的创作个性,这对今天的文坛具有重要的启示意义。苏联作家爱伦堡在其回忆录中《第一次苏联作家代表大会》一章里写道:"所有代表团都来'讨债':纺织女工要描写织布女工的长篇小说,铁路职工埋怨作家忽视运输问题,矿工们请求描写顿巴斯,发明家坚持要求写发明家中的英雄人物。(人们并非永远都能指出他们到底需要什么。有些作家急于还债,出现了几百部以生产为题材的长篇小说,但读者同时也成长起来……图书馆的管理员们说,铁路职工读契诃夫的短篇小说读得入迷,矿工们喜爱阿·托尔斯泰的《彼得一世》,织布女工读《安娜·卡列尼娜》时流泪,发明家们爱读没有任何创造发明的长篇小说,从《静静的顿河》直到《老人与海》。)"

骆宾基逝于1994年,在他的《混沌》再版之后,享年七十七岁。他暮年的照片苍老憔悴,面色黧黑,历尽沧桑之后疲惫不堪、饱受疾病之苦的样子。张洁说:"比起他的文章,他的面孔,他的仪表,可就显得逊色得多了。不论什么漂亮的衣服穿在他身上,很快就会变形,或总有一两个纽扣不在自己的位置上。"但"要想说服他才难呢!任你口沫飞溅地说上半天,他要么轻轻地问上一句:'是哦?'要么一言不发,笑嘻嘻地看着你。小小的眼睛里,有着狡黠的闪光"。

即使年轻时,珍珠港事变后寄居在张洁家里,他留给童年张洁的印象也是"那样奇特""好像是个大烟囱""清早起来,只要一打开他的门,便有浓浓的烟雾,从他那窄小的房门里滚滚地涌出。那个房门,活像个烟囱口""以后几十年的岁月证明,就是在我有了婶婶之后,他也依然如故:衬衣的领子总好像没洗干净;质地很好的毛呢大衣里藏着不知多少尘土;被子、床单全是和衬衣领子差不多的颜色……好像他仍像从前那么穷，仍然过着没人照料的、单身汉的潦倒日子"。

读到这里我们会惊异地发现，骆宾基同他笔下的赵人杰何其相似。《北望园的春天》里，叙述人"我"（秦先生）同赵人杰仿佛是骆宾基的双重自我。

然而，1946年留影于杭州的那位清隽儒雅的东北流亡青年更是骆宾基的永恒形象，与他的作品和我们对他的景仰一道不朽。